# HERETARÀS LA RAMBLA



RAMON LLULL NARRATIVA

# Alfred Bosch
# Heretaràs la Rambla

Planeta

---


DIAGONAL, 662-664 - 08034 BARCELONA (ESPANYA)
PRIMERA EDICIÓ: SETEMBRE DE 2005
SEGONA IMPRESSIÓ: NOVEMBRE DE 2005
TERCERA IMPRESSIÓ: GENER DE 2006
QUARTA IMPRESSIÓ: MARÇ DE 2006
DIPÒSIT LEGAL: B. 16.887-2006
ISBN 84-9708-154-4
COMPOSICIÓ: FOTOLETRA, S. A.
IMPRESSIÓ I ENQUADERNACIÓ: BOOK PRINT DIGITAL, S. A.
PRINTED IN SPAIN - IMPRÈS A ESPANYA

*A la Mònica,*
*que un bon dia va deixar la ciutat alta*
*per fer-me costat al sempre convuls*
*marquesat d'Escudellers*

# El marquès d'Escudellers

Els moros són uns lladres —va dir el marquès, tot cordant-se l'últim botó de l'americana.

—Com?

—Recony, els moros, que tenen els dits més llargs que una mona. Quan vegis un moro, nano, vés-te'n a l'altra banda del carrer.

En Silvestre Guillamet i el seu nét acabaven de sortir de la boca del metro de Liceu. Mitja dotzena de joves, amb ulls penetrants i bigotis a mig fer, els observaven repenjats a la barana. L'avi va agafar el nen i el va estirar passeig avall. El petit Arnau anava equipat amb els seus nou anys reflexius i atents, i les seves ulleres d'alumne aplicat, d'aquells que canten loteria de Nadal. I no podia evitar de correspondre a les mirades fosques. Res no li podien robar, va pensar. O potser sí, potser li espiaven massa aquelles sabates esportives de marca, que eren l'enveja dels companys de classe. Va apressar el pas, els peus per davant, per allunyar el seu calçat dels sempre rapaços magribins.

—El pare diu que no es pot dir, això —va afirmar el nen, sense afluixar la marxa.

—El què? Recony? I tant que es pot dir, mira —es va aturar—: recony, recony, recony. Ja està dit. El teu pare —es va allisar els cabells, grocs i verds de tanta gomina— ... el teu pare és el meu fill, i saps què? El teu pare, el teu pare...

L'avi Silvestre es va tornar a ajustar l'americana, una peça de quadres grisos, marrons i grocs que tampoc no tenia el vistiplau del seu fill. Allò que l'home comprava als encants, que era gairebé tot, despertava ganyotes de disgust en l'Esteve Guillamet. Un perepunyetes, el seu fill. Mala sort. Va estirar la mà del nét, es va retocar el mocador del coll, va inclinar-se endavant i va enfonsar el nas en el torrent humà de la Rambla. Ell vinclat endavant, i el nét reclinat cap enrere, feien una curiosa lletra X, mòbil i veloç, disposada a conquerir la Barcelona baixa.

—No, no —va tornar-hi l'Arnau—. Diu que no es pot dir moro. Que s'ha de dir àrab, o marroquí, o una altra paraula que no recordo.

—O Mustafà fa cagar. —L'avi va riure entre unes dents d'ivori, unes dents que ja hauria volgut qualsevol jove de vint anys—. I com se suposa que ho haig de saber, jo, si és d'aquests o d'aquells, un moro? Un moro és un moro, tothom ho sap, i si no ho saps, doncs...

L'home no va acabar la frase, perquè era el seu costum no acabar res del que deia o feia. Les engegava tal com li venien, i després no s'amoïnava a rematar. No es podia negar que parlava com pensava, encara que rarament deia el que sentia. Era un malparlat, i tant que ho era, i potser també un malpensat.

L'Esteve, que era el seu fill i el pare de l'Arnau, desesperava i es feia creus d'haver sortit d'aquella soca tan tosca. Més d'una vegada havia sospirat amb exasperació que el vell era un desastre; no s'estava de dir-ho davant l'Arnau, un nen que no sempre sabia el que pensava però que sempre sabia el que sentia. Doncs jo, protestava l'Arnau, m'ho passo bé amb l'avi; i son pare s'arronsava d'espatlles i deixava fer. Segurament al petit li agradaven els desastres, i aquell avi desastre que li havia tocat l'atreia especialment. El seu avi era el seu avi, com el seu nom era el seu nom, el cel s'obria entre els núvols, dissabtes i diumenges no hi havia escola, i tot era tan bo com podia ser.

—I els negres? —va dir l'Arnau, assenyalant un parell de dones grasses que pujaven pel passeig.

—Els negres no roben, els negres fan pudor —en Silvestre va arrufar el nas—. Suen molt i fan pudor de... una pudor... com de cony remullat, saps?

—Ah —va fer el nét, sense aturar-se—. I nosaltres no?

—No, no, nosaltres som diferents. Nosaltres, nosaltres... —l'home va penjar la frase com qui penja una pilota.

L'Arnau va provar d'imaginar-se la pudor de cony, i no se la va poder imaginar. Sabia molt bé el que era un cony, ell no era cap nen petit; una vegada, la mestra els havia ensenyat un dibuix i els havia dit que allò era una vagina, quan tots sabien de sobres que allò era un cony. Ara, de l'olor, no en sabia gaire res. Només de la suor de la pell, la suor del cos en general, que sí que la coneixia, i n'hi havia un de la classe que era molt gras i no parava de suar. El Cansalada, li deien, per algun motiu que se li escapava. Però el Cansalada no era negre. Era gras i rosat, i quan s'empipava es tornava morat.

Els pares de l'Arnau sostenien que a l'avi Silvestre li faltava molt de món. Certament, l'home no havia anat més enllà de Mallorca, i ben passada la setantena s'entossudia a mantenir, combatiu com ell sol, les fronteres mentals d'altres temps... bé, les dels seus temps, per ser més precisos. Poc li importaven els telèfons mòbils, els ordinadors i la barreja babèlica del segle XXI. De llengües en tenia una, la pròpia, i se'n rifava, de les altres. De roba, n'anava sobrat, amb les seves rampoines de segona mà. D'ànimes joves, en coneixia una, la del seu nét, i era prou grossa per ocupar tot el seu interès. Es mostrava impermeable a les formes de la globalitat moderna, protegit amb el seu orgull, els seus renecs i el seu passat.

Tot i així, assegurar que a en Silvestre Guillamet li mancava món era una apreciable falsedat. Havia nascut molts anys enrere, el mateix dia calorós d'agost que s'havia esdevingut la tragèdia del passatge Escudellers, quan una jove prostituta s'havia estimbat a les llambordes en ser defenestrada d'un balcó. Cal puntualitzar que ell no havia tingut res a veure amb el crim, en la seva càndida condició de nounat: però el decorat fosc que hi havia conduït, farcit de proxenetes, estafes i promiscuïtats, va acabar tenint molt a veure amb ell. Perquè ell havia nascut i havia pujat en aquell univers convuls del capdavall de la Rambla. Perquè ell hi havia fet de policia municipal, fins que s'havia jubilat, i coneixia les misèries d'aquelles parts millor que ningú. Perquè ell, amb les seves maneres brusques i ronyoses, era el marquès d'Escudellers.

Tothom, o tothom que comptava, coneixia el marquès. Li reconeixien un posat aristocràtic i una autoritat, sota la seva indumentària atrotinada, que només una vida intensa pot atorgar. Els més antics li admiraven l'experiència, i els més joves intuïen el seu olfacte de carrer. La seva ascendència podia fer riure o podia fer aplaudir, però era indiscutible. A la Barcelona més trepidant, allà al rovell de l'ou, allà hi regnava sense rival. Entre la Rambla, el carrer Ferran, el carrer Avinyó i el port, l'avi Silvestre era el Senyor d'un món que es resistia a morir.

Potser senyorejava un Món en lletra grossa, potser més aviat un sotamón, o potser un simple cul de món. Però no calia viatjar gaire per entendre que allà s'hi barrejava tot, des del més distingit fins al més abjecte, des del més caduc fins al més recent, i que sempre havia estat així. Aquell món seu girava al voltant del carrer d'Escudellers, l'artèria humana més viva del planeta, la que bategava a tota hora, i ell n'era l'autèntic marquès. Que el títol nobiliari l'hagués adquirit als encants de postguerra, en un intercanvi de fireta, tenia una importància del tot accessòria. Ell se sentia noble i elevat. Com podia faltar-li món, a aquell home tan bregat?

—El meu pare diu —va alertar el vailet— que m'ha deixat venir amb la condició que no ens fiquem en problemes.

—Aquí, les condicions les poso jo —l'avi va somriure al vent—. El teu pare ja pot dir missa. El teu pare diu, el teu pare fa...

—Sí, sempre diu coses. Diu que aquests carrers són molt tristos.

—La tristor no és en els carrers. La tristor la portem a dins, i si no ens la traiem de sobre l'encomanem a les pedres. Si ens hem de passejar com ànimes en pena, més val que marxem. Com va fer el teu pare. Com va fer ell, sí, sí...

—Tu tampoc no vius aquí —va replicar el nét amb més encert que tacte.

—No m'emprenyis —va engegar, però de seguida va xuclar i va rectificar—. Tens raó, Arnau. Ets un mocós, però tens raó, i no saps la refotuda raó que...

Feia uns quants anys que el marquès havia abandonat els seus dominis, sota la pressió del seu fill. Les coses li anaven bé, a l'Esteve, i al cap d'un temps de marxar cap als barris alts, freds i silenciosos, s'havia emportat el pare: li havia comprat un pis inodor, un pis tan llustrós com un lavabo. Vell i vidu, ell havia consentit el canvi per viure prop del nét. I doncs, què havia de fer? Entenia que l'allunyaven del seu marquesat, però què havia de fer? Això sí, baixava cada dia, o cada dia que podia, al seu territori de sempre, on conservava el seu estudi fosc i ple d'humitats amigues. Quan trepitjava la Rambla, com l'exiliat que ha patit un divorci obligat, es rejovenia i tornava a la vida. Recuperava la pàtria i el món que mai no hauria d'haver deixat.

A la dreta saludava els balcons del Liceu; a l'esquerra la camiseria més vella i elegant de la ciutat, i el cafè de sempre, amb la porta de sempre que grinyolava com sempre. Mai no hi havia posat els peus, no s'hi havia gastat ni un cèntim, però agraïa aquells establiments de tota la vida, que aguantaven el pas del temps i es resistien a ser ocupats per botigues de toros en miniatura i cadenes de menjar ràpid. Eren antics companys, que li feien oblidar la certesa de l'extinció. Més avall la caserna, on sí que hi havia entrat, i més d'una vegada. Havia estat el seu darrer lloc de treball, tot just inaugurat, i li portava records amargs. Allà s'havia posat l'uniforme per darrer cop, allà s'havia ajustat la gorra per fer l'última ronda, abans de penjar els hàbits i jubilar-se. Era allà, entre les columnes del vell claustre carmelita i els despatxos nous, que el marquès realment havia deixat d'exercir.

Què hi feia, passejant amb el seu nét per aquelles latituds? Doncs res que no fos ben natural: li transmetia olfacte, el seu olfacte inútil però enorme, el del judici de l'espècie humana des d'una talaia de més de setanta anys. Allò era el millor que li podia transmetre en herència a la sang de la seva sang, i com que no ho havia aconseguit amb el fill, ho provava amb el petit Arnau. El nano s'hi apuntava amb ganes, perquè res no el capturava més que l'olor de la gent. Tenia el que volia: roba de marca, joguines que l'avorrien, DVD i programes infantils, jocs d'ordinador i aviat, si els seus pares complien la promesa, un mòbil amb pantalla de colors. Però gent, el que se'n diu gent, en tenia poca. Gent rica i gent pobra, gent fosca i rossa, gent muda i cridanera, gent de tota mena. Tota aquella gent només la trobava allà on el portava l'avi, tota concentrada i amanida amb la flaire màgica de la prohibició.

A més, aquell dia el marquès caminava lleuger, cosa que volia dir que era un dia molt particular. En portava una de cap, una de grossa, i era sabut que quan tenia una dèria o una idea entre cella i cella, tot ell reviscolava com una beguda efervescent, s'enlairava com una bombolla i feia unes gambades airoses, gairebé saltirons. Portava una quimera a dins, que aviat compartiria amb el nano, i allò li disparava el cos. El nét encara no en sabia res, d'aquell somni nou, però sabia el que calia: que, de la mà del seu avi, veuria el món per un forat. Quan ets a punt de fer els deu anys, no hi ha atracció més forta que un forat vell i furtiu, per on descobreixes l'univers dels adults.

L'Arnau estimava el vell Silvestre, i no l'estimava només com a guia de viatges. Cada matí, el marquès recollia el menut a casa els fills, li prenia la mà i l'acompanyava fins a la parada del transport escolar. Des que era una baldufa, a les vuit i cinc en punt l'havia enfilat dalt de l'autocar; i mentre el vehicle esbufegava i s'empassava l'infant, per dur-lo a un col·legi de rics, ell li deia adéu amb la mà. Encara que no veiés el nét, ell l'acomiadava amb la mà, tot entonant una cançó inventada. «Se'n va el pinxo de l'Arnau», cantussejava.

I l'altre s'amagava, es camuflava rere les ulleres de bon minyó, i s'arronsava al seient mort de vergonya mentre l'avi desafinava i somreia i movia la mà, fins que el gran cotxe desapareixia i en Silvestre encara cantava i allargava la pròpia idiotesa. Llavors el nen es redreçava al seient i es disposava a veure el vídeo de cada matí a la pantalla de l'autocar. I s'empassava el nus de la gola, perquè el molestava més la vergonya de repudiar l'avi que la vergonya provocada pels actes de l'avi. Ell estimava el seu avi, fos com fos, fos qui fos, més enllà del rubor. L'adorava gairebé amb dolor, com s'adora el vell mestre quan fa el ridícul.

Li agradava imaginar que entrava en una vagina. Baixava per la Rambla i aleshores, quan trencava a mà esquerra, sempre pensava que es ficava dins d'una dona calenta, mullada i voraç. Passaven els anys però l'ingrés al carrer d'Escudellers continuava com sempre, amb un lleu pendent, dotzenes d'homes que volien ser-hi, i un embut que s'anava estrenyent cap a les foscors d'un ventre agitat. Quan hi penetrava, el marquès tenia el costum d'inspirar a fons, somriure al vent i deixar-se xuclar. La gent potser no era la d'abans, els rètols i l'empedrat tampoc, però la sensació encara hi era. Aquell forat de la ciutat era un cau de malalties, de perills, de burles, de fortors, de records i de desenganys. Ple de vida. Va somriure i va estirar el seu nét. L'altre el va clissar.

—De què rius, avi?

—No res. Ric de... de no ho sé.

S'estimava més no explicar-li res, a l'Arnau. El noi ja ho descobriria quan fos el moment. Aquell carrer era el centre del món, s'hi trobava de tot, bo i dolent. Sí senyor, allà hi havia de tot, sobretot dolent, i el nano ho sabria quan fos l'hora. Per començar, ja era molt que hagués vist les parts més molles de la humanitat, i que no li fes mania entrar-hi. Més endavant, coneixeria aquell indret a les fosques, amb l'emoció afegida de la nit. Però no hi havia cap pressa, i si saludava la vella vagina a l'hora més innocent, ja estava prou bé. El sol que encertava a filtrar-se entre els terrats li podria amorosir els angles, i el matí l'ajudaria a fer-se seu aquell carrer, com la Rambla o la plaça Reial, a l'hora primera, quan encara hi manen els del barri. Quan els de fora encara no han destorbat la pau històrica que hi regna.

—Al carrer d'Escudellers —va recitar el vell Silvestre—, quan la llum del sol no hi és, hi vola una ratapinyada... damunt d'una dona pintada.

—Una ratapinyada? —va intervenir el noi—. Què vols dir?

—Al vespre —el marquès es va aturar i va descriure un arc amb la mà—, aquest forat s'omple de rates voladores. I de dones pintades. Però no ho dic jo, ho diu el poeta.

L'Arnau va tombar la seva cara pigada, en un gest reflexiu, i després va tirar avall, sense deixar la mà del seu avi.

—A l'escola ens fan llegir poemes —va sentenciar—,

però jo no els entenc. A les nenes sí, que els agraden. Jo els trobo molt pesats.

—Sí, és clar. Molt pesats. Però, sobretot, molt, molt...

L'avi va començar a saludar gent. A l'esquerra, el vigilant del local nocturn, un home gran que les havia vist de tots els colors, des que l'antic cafè jardí s'havia convertit en sala de festes. A la dreta, la família de l'estanc, que havia arribat allà en tancar la taverna flamenca —aquella que imitava una plaça de braus, aquella on el Manolete havia caigut víctima de les cornades de la beguda.— I just després, la porta del garatge que s'omplia de pols, perquè s'hi entrava per una altra banda. Ja no hi havia cap personatge cèlebre, en aquella portalada: però en altres temps, allò era un formiguer, quan hi havia el cinema, i la gent seguia la funció des del carrer, ja que a dins hi feia una calor insuportable i obrien les portes de bat a bat. Més d'un western, havia vist allà, sense recordar els actors perquè la perspectiva tallava els caps dels protagonistes.

El cinema havia fugit del barri, amb les parelles i els cacauets i els tramussos esclafats a terra. És clar que més enllà quedava el Grill Room, i els Caracoles, i tants altres monuments. Res no s'acabava, més aviat es transformava, i quan els joves es feien vells, doncs morien i deixaven el lloc a altres joves. A la cantonada dels Caracoles, amb aquella escalfor dels pollastres a l'ast, va haver de fer una parada obligada. Allà se li va acostar la seva amiga de l'ànima, la Fermina, altrament dita la Coixa. Tenia una cama esquifida i ossuda, i sort que la tenia, perquè aquella cama esquifida era la bona. L'altra cama era com si no la tingués.

—Hola marquès —va fer ella, amb els ulls clavats a terra—; se t'ha fet gran, l'Arnat.

—L'Arnau. Es diu Arnau. I el teu fill?

—El Moreno la campa per allà —es va encongir d'espatlles.

—Ah, doncs anem-lo a buscar —va exclamar el nen.

Els dos nois s'havien vist mitja dotzena de vegades, i ja havien establert una sòlida atracció: la que es produeix entre els extrems —que, com és sabut, se solen tocar, però a cops de puny—. El Moreno tenia una edat similar a la de l'Arnau, cosa que feia destacar les diferències entre l'un i l'altre. El Moreno era fosc i nerviüt, mentre que l'Arnau, resguardat amb les ulleres, era ros i polit. L'un era bord, mentre que l'altre sabia, de sobres, qui era el seu pare. La seva particular afinitat podia ser vista com un símbol d'acostament entre els pols oposats de la ciutat, entre els barris alts i la part baixa. A força de patacades, havien establert un prodigiós model de cohabitació que resultava, si no tendre, com a mínim colpidor. Però el marquès tenia clar que no era el moment de les provatures en coeducació.

—Un altre dia, Arnau. Ara estem ocupats.

—Hosti, avi...

—Ni hosti ni punyetes. Un altre dia. Oi que sí, Fermina?

La Coixa es va tornar a encongir d'espatlles. Portava el cabell curt i arrapat al clatell. Tenia els pòmuls sortits i uns ulls injectats que mai no miraven de cara. Els ossos se li marcaven al cos, i qualsevol pensaria que volia exhibir la seva malaltia. Com si aquell bitxo que portava al cos, el que portaven tantes antigues prostitutes, fos un signe d'identitat. Quan tothom sabia que la Coixa no es feia mirar pel seu aspecte esquàlid, ni pels seus quaranta anys, ni per la seva bellesa extraviada. L'únic tret físic que la distingia era la seva coixesa, i allò sí que era motiu per presumir amb fonament.

«Sóc coixa», solia dir amb orgull, «però d'una sola cama».

El marquès havia conegut la Coixa quan aquesta acabava d'arribar a la ciutat, vint-i-tants anys enrere, vinguda d'algun llogaret del Pirineu. Des del primer dia que s'havien trobat, havia adoptat la jove. Les nits més fredes d'hivern, havia anat sovint a treure-la del seu portal de la Rambla, allà on picava amb els talons a la llinda, i on encara s'hi podien veure els forats que havien deixat a terra ella i les altres noies —un monument a la paciència—. Doncs l'havia tret d'allà per convidar-la a un cafè calent, o per pagar-li una pensió com Déu mana. Entre tots dos havia sorgit una forta relació, no diríem pas de pare i filla, sinó d'oncle postís i neboda, plena de silencis i frases curtes.

—Saps on és, el savi Salomó? —va preguntar el marquès.

—Ronda per la plaça Reial. Amb els sifilítics.

L'avi Silvestre va somriure. El seu company de fatigues era un aficionat als segells. Llavors va fer el gest d'acomiadar-se, però just quan marxaven, al nét li va caure alguna cosa. El nen estava tan absort en la contemplació de la dona, mentre es regirava les butxaques, que no va fixar-se en el drap blanc que li queia. La Coixa es va ajupir i va collir el mocador de terra. Havia anat a parar al damunt d'un reguerot d'orins.

—Les coses de nens només saben caure en la brutícia —va sospirar.

—Qui et va parir —l'avi va prendre el mocador—, ja tens raó. Au, marxem.

Es va guardar el mocador a la butxaca, i per un instant va anticipar la cara que faria la mare de la criatura quan li lliurés aquell drap repixat. Va picar el clatell del seu nét amb la mà i va escortar-lo cap a la plaça. Es va ajustar l'americana de quadres i va disposar-se a sostenir la bateria de preguntes que s'estava coent al cap del noi.

—Avi, la mare del Moreno és una puta, oi?

—És una grandíssima puta, noi. O ho havia estat. Saps què vol dir, això?

—Sí, és clar —el nen va desviar la vista cap a un costat.

—Una dona amable, de les millors —va proclamar en Silvestre—. Una persona que mai no et negava ni una paraula ni una abraçada, ni...

—Però demanava diners?

L'Arnau portava la conversa com si no anés amb ell, mirant ara aquí, ara allà. Els braços i les cames es movien al seu aire, divorciats del cos, com fan sovint els braços i les cames de la seva edat. Unes mans massa grans, i unes sabatilles enormes, molt més grosses del que exigia l'equilibri infantil, pendulaven amb llibertat. Els ulls del nen van giravoltar rere les ulleres, es van enfilar per les parets, van davallar a terra, i finalment van clavar-se al rostre del seu avi. El van estudiar sense parpellejar.

—Cobra diners, oi?

—Bé, sí... Cobrava. Cobrava diners —el marquès va mastegar salivera i va desafiar el seu nét—. Però qui és que no acaba cobrant, avui en dia? Tot té el seu preu, fillet, tot...

No hi veia el problema, el marquès. Els maldecaps venien quan algú feia veure que no cobrava per la feina. Aleshores, podies sospitar que et volia estafar, o que et volia endinyar una jugada indigna. Les putes treballaven, i havien de cobrar el seu treball, i sempre que la llei havia volgut ignorar aquesta antiga llei humana, hi havia hagut problemes. En els anys de la guerra civil, un dels pocs negocis que s'havien conduït amb ordre i encert era el de la prostitució. Ell era molt petit, aleshores, de l'edat de l'Arnau. Però recordava, o els més grans li havien fet recordar, les disposicions revolucionàries. Les putes passaven a ser companyes, havien de contribuir a la lluita com qualsevol altre, i els seus honoraris eren fixats per decret. Fins i tot havien d'enquadrar-se en un sindicat. Els comitès van començar a pensar, si és que eren capaços de tal cosa, i van arribar a una feliç conclusió. Com que l'eina de treball de les meuques era el somier, les enquadrarien totes al sindicat del metall. Bravo.

Cap al final de la guerra, les bombes havien castigat el barri, i encara més l'altra banda de la Rambla, allà al cor del Xino. Un bon dia, va anar a tafanejar en un solar del carrer

Marquès de Barberà, on un projectil havia enfonsat un *meublé*. Ho recordava perfectament, perquè ell ja tenia dotze anys, i aquestes coses no s'obliden. La finca s'havia esfondrat en una hora de gran moviment, i els cossos mig despullats dels clients i de les noies havien de ser desenterrats de la runa. Doncs bé, un milicià enfebrit, dels que s'estilaven aleshores, es va enfilar dalt dels enderrocs i va engegar un discurs inspirat. Calia acabar amb l'explotació de les noies, va dir, o alguna cosa similar, ajusticiar els xulos i emancipar aquelles nobles proletàries. La revolució no guanyaria el carrer fins que no triomfés als prostíbuls. Bravo de nou. Quines ganes de perdre la guerra, va pensar el marquès. Quines ganes de perdre que tenien.

—I ho fan perquè volen? —va insistir el nen, que encara barrinava.

—Depèn, la majoria no, encara que algunes...

—Però no es casen? No tenen fills?

—Hi ha de tot. La Fermina, ja ho saps, té el Moreno, i també hi ha aquella, que...

—A l'escola hi ha un nen, que li diem Joanet, però que vol que li diguem Joan i res més, que diu que... —es va gratar la cuixa—. Ho sap tot, el Joanet, he! O fa veure que ho sap tot. Diu que els puticlubs són il·legals. Tu què hi dius? Són il·legals o no? Tu vas ser policia, oi?

—Sí senyor, vaig ser policia. I vaig veure que entre el que en diem legal i el que en diem il·legal, hi ha molt territori. Hi ha el territori on vivim la majoria de les persones, diria jo...

—Però les putes són il·legals, sí o no?

—Cony, són les úniques dones que parlen clar, vet aquí.

—Però...

—És això, Arnau. No m'emprenyis.

—I l'àvia no et parlava clar?

En Silvestre Guillamet es va aturar, just a l'entrada de la

plaça Reial. Davant seu s'obrien les porxades i aquella piscina de llum que feia respirar el barri. Va xuclar amunt i es va mossegar el llavi.

—No, fillet. L'àvia era una santa dona, però no parlava clar.

—Com la meva mare?

—La teva mare...

La teva mare és una altra història, va estar a punt de dir l'home. Una bandarra, de roba fina i ànima falsa, va pensar. Però va callar, el nano no en tenia cap culpa. Va perdre la mirada entre les parades de monedes i segells, i va veure sortir la seva salvació. Un avi desorientat i rodanxó, un punt abatut, proveït d'unes ulleres de cul d'ampolla i d'una boina enfonsada fins a les celles. Un personatge que semblava encallat al segle passat, però que en realitat emergia, pel cap baix, de tres o quatre segles enrere.

—Collons, Salomó! —va exclamar—. On t'havies fotut, tros de carallot?

—Ai!, marquès, no t'havia vist —va arrufar el nas i es va apujar les ulleres—. Estic tocat, tu.

—Ah! —va continuar en Silvestre com si res—. Mira, he vingut amb el nano. Oi que ha crescut?

El savi Salomó va regalar una mirada de miop al noi, va forçar un mig somriure i es va gratar la boina. Estava afligit, no hi havia dubte.

—Sí, sí, s'ha fet gran... És que passen els anys, caram... —va sospirar—. Però ara mateix, només puc pensar en la *Lola*. Potser no ens estimàvem com els joves, però ens fèiem tanta companyia... És clar que ja era velleta, i estava malalta...

—Què ha passat? —va preguntar l'Arnau.

—No res —el marquès va petar la llengua, i després amb el dit va fer el signe que es dedica als bojos.

—La *Lola* —va somicar el Salomó—, que m'ha deixat la *Lola*. No ha patit gaire, però. Les coses com són.

El nen va interrogar amb la mirada els dos adults. La curiositat cedia, a poc a poc, a l'esverament. En Silvestre va tancar els ulls, va esbufegar i es va passar la mà pels cabells engominats.

—No res, noi, no passis ànsia. Aquest brètol ha perdut la gossa. Això és tot.

Les paraules del marquès van esbandir els dubtes, però no van fer reposar del tot l'esperit del més jove: aquest, naturalment, feia més cas del planyent que no pas de la difunta, ja que l'un el tenia al davant i l'altra ni tan sols la recordava. Que la finada pertanyés al regne animal no disminuïa la compassió del nano. Va haver de ser el savi qui, havent-se eixugat la seva penúltima llagrimeta, acaronés el nen i procurés dissipar la pena que li havia encomanat.

—Quin xicot més eixerit, renoi, potser sí que has crescut... —va refregar-se les ulleres amb els dits, demostrant que era científicament possible embrutar-les encara més—. La vida és així, uns amunt i els altres avall. Però què feu per aquí? Que busqueu algú?

—A tu, tros de soca —va fer en Silvestre—. Vull que ens acompanyis al taller, vull que em diguis què penses... Bé, tant és, vull que vinguis. Però si fas cara de rap bullit et plantem aquí mateix.

—D'acord, entesos —va fer una xuclada final de nas, i va prendre la mà lliure de l'Arnau.

El savi Salomó no havia tingut fills ni s'havia casat mai. Alguns asseguraven que, despistat com era, encara no s'havia adonat de les diferències que existien entre homes i dones. Una teoria ben poca-solta, que oblidava que observar la guerra dels sexes no forçava a prendre-hi part. El savi podia passar per ingenu, però no tenia ni un pèl d'ignorant. Durant molts anys, havia exercit d'escrivà a la Boqueria. Des de la seva barraqueta exigua havia passat a màquina les misèries del veïnat, i comptava amb una reputació impecable entre la gent modesta. De fet, la seva autoritat creixia en proporció amb l'analfabetisme del client, fins al punt que molts el veneraven per damunt dels notaris o dels jutges, tinguts per gent de mala raça. Ell era de refiar perquè era autodidacte, era el millor aliat del poble per vèncer la burocràcia, i sabia de tot una mica: idiomes, mecanografia, factures, multes, instàncies, cartes d'amor i matrimonis de conveniència.

Van trencar avall pel carrer del Vidre, i l'infant, que va rompre el silenci, va sacsejar el sopor dels dos avis.

—Parlàvem de putes —va engegar.

—Cony de nen —en Silvestre va expulsar una mitja riota—. És que ens hem trobat la Coixa i bé, ja et pots imaginar...

—Aaah —va fer el savi—. Una història interessant, la dels bordells. Es veu que aquí, a la banda d'Escudellers, sempre hi havia hagut negocis tèrbols. Ja al segle XIV, quan d'això se'n deia l'hort d'en Trentaclaus —es va aturar i va deixar anar la mà del nen, per poder gesticular—... Mireu, hi ha qui sosté que els trenta claus eren els que hi havia en una porta de la muralla, però a mi em sembla molt clar que els claus eren d'una altra mena, m'enteneu?

—I tant —va fer en Silvestre, content que el col·lega recuperés la seva proverbial eloqüència.

—Les tavernes de mal nom no han marxat mai, segons com —el vell va decidir-se a netejar les ulleres amb el jersei de botons, el jersei color de gos com fuig que sempre li cobria la panxa—. Quan érem petits, aquí hi venien els rics; després, els mariners americans; després, els de la droga, i avui... Avui no ho sé, perquè no existeix ni el carrer del Gínjol, i tot està canviant. Sabeu que el carrer del Gínjol era un dels sis carrers de la ciutat on es permetia pixar a la gent?

—Això ha canviat molt, i tant —va observar el marquès—; ara es pixen a tot arreu.

—És que no haurien d'haver tret aquells urinaris del pla del Teatre —va intervenir amb candidesa el savi—. Feien un gran servei, allà sota l'estàtua del gran Pitarra.

—Un gran servei, sí senyor. Explica-li —en Silvestre va llançar el guant a l'amic—, explica-li al noi el que et va passar allà dins...

El Salomó va arrufar les celles. Aleshores va recordar l'anècdota, i se li va encendre el rostre. Un dia, va relatar-li al minyó, era als urinaris fent la seva feina. De sobte, se li va acostar una mà i li va tocar el membre. Ell no es va tombar, no es va immutar gens, però va sortir amb un «jove, si no li fa res, pixi amb la seva». Total, que el jove va marxar i ja no va aparèixer mai més. Aquella història havia esdevingut cèlebre al barri, i encara feia riure de gust el marquès. Ell trobava molt graciosa l'elegància del savi despistat, segurament perquè no tenia res a veure amb els seus brots de temperament: ell ho hauria resolt ventant un bon cop de puny. Però, en el fons, la diferència agermanava els dos vells.

—He, he, pixi amb la seva, he, he —va riure el noi, tot esquivant la pregunta crucial, o sigui per quins set sous li havien tocat la pirula al Salomó.

—Però tornant al tema... —va insistir el savi—: Al voltant de la plaça Reial d'avui, on s'hi estaven els Caputxins, això era un formiguer de bordells. Mireu, al carrer de la Carabassa hi havia una casa de favors que tenia una carabassa com a insígnia: d'aquí ve el nom del carrer. També hi havia un rellotge de sol, que aleshores era una novetat de les bones. Una no-ve-tat.

En Silvestre va veure que el seu amic, ja del tot refet, recuperava l'aire de mestre d'escola. Se li coneixia l'aplom en la forma que tenia de recalcar les síl·labes, i allò anunciava un gran perill. Podia presagiar un discurs de magnituds bíbliques. El savi Salomó era el cronista oficiós del barri, i quan feia aflorar la seva veritable vocació, perdia qualsevol sentit de la mesura. Tot el que li sobrava de sapiència li faltava de sentit comú: era capaç de memoritzar genealogies de reis, o de comptar els coloms que passejaven per la plaça Reial en un matí, però mai no havia après a callar quan convenia. El marquès va fer sonar un primer avís.

—D'aquestes collonades en deu fer mil anys, pel cap baix.

—Oh!, no —va assegurar l'altre—. Vuit-cents, a tot estirar. Les cases de barrets sí que són més recents. Sabeu com va sorgir, l'expressió? Us ho explico, sí o no? Va, sí. Doncs mireu, hi havia una botiga de gorres i barrets, aquí a la plaça Reial. Totes les peces es venien al mateix preu, sempre un preu rodó. Qui deixava una moneda més gran, s'entenia que demanava més serveis, i era convidat a pujar al pis de dalt. La ca-sa-de-bar-rets, n'hi deien. El nom es va estendre a tot arreu, i...

—Vuit-cents anys, només —va tallar-lo el marquès—. Amb una mica de sort, demà al matí haurem arribat a la guerra de Cuba.

—Miro d'il·lustrar el jove —va protestar l'home—. Il·lus-tra-ci-ó, se'n diu, d'això. I jo em dec haver quedat al segle de les cavalleries, però tu no has passat dels anys cinquanta. Tampoc no hi ha tanta diferència, què vols que et digui. Al nen li deu semblar tot igual de rovellat.

—Sí, ton pare. Tot igual, recollons, ben igual. Com a mínim, jo recordo el meu nom de debò. I recordo que fa cinc minuts estaves fet un moc perquè havies perdut la gossa. I recordo que...

Allò havia estat un cop baix. El savi Salomó va acotar el cap i va agafar la mà del nen. L'Arnau se'l va mirar de gairell, convençut que aquell home necessitava un cert caliu humà. En Silvestre es va aclarir la veu i va entendre que s'havia excedit. No només li havia encetat al company la nafra de la bella *Lola*, prou dolorosa; també havia fet broma sobre el nom del seu amic. Els cognoms autèntics del savi Salomó eren González i Fullat, i tots dos eren notablement inadequats: el primer, per vulgar, el segon, per impossible. Només el nom de pila, Salvador, podia encarnar certa grandesa de destí. Però el seu portador era massa modest per creure-hi. La gent l'havia batejat el Savi, tan savi com Salomó, i amb allò s'havia quedat. Sovint, al savi li costava recordar quin era el seu nom de debò. No era un tema còmode, aquell.

La brisa de Nou de Sant Francesc, que segons l'hora puja de mar o baixa de muntanya, bufava tan decidida com sempre. A la primera cantonada, l'oreig es barrejava amb la flaire de pollastre a l'ast i l'escalforeta que sortia dels Caracoles. La tríada de personatges —nét, avi i amic— s'hi va aturar. Tots tres, allà aturats, van formar una estampa que hauria merescut un autèntic tractat de badoqueria: tres estudis de cas ben distints, però conduint a una conclusió idèntica sobre la condició humana.

L'un va dedicar un homenatge a la carn rostida, empès per la mala consciència infantil, que no encertava a dibuixar la frontera amb el canibalisme. L'altre va recordar com, justament en aquella cantonada, havia viscut un dels episodis més inquietants de la seva carrera de policia. Devia ser cap a finals dels setanta, i aquell punt era l'epicentre de l'heroïna, la cocaïna i l'LSD. Els camells se les empescaven totes, però mai no s'hauria imaginat que un dels traficants majors era una dona, que sempre passejava amb el seu fill, el qual duia el braç eternament enguixat. Ell no va actuar fins que un delator no hi va insistir. Aleshores va emportarse mare i fill al dispensari, i allà una infermera va obrir el guix al nen: van trobar-hi una pila de paperines amagades. Un infant que tot just arribava a l'edat de l'Arnau, i que poc després va morir de sobredosi.

El tercer home, el savi, va fer una pregària per l'ànima dels germans que havien col·locat aquell restaurant al mapa, convidant-hi una nòmina impressionant d'artistes. I també va regalar unes paraules a les celebritats que hi recordava, des de Mistinguett i Josephine Baker, passant per Errol Flynn, Burt Lancaster, Ava Gardner, Robert Mitchum, Salvador Dalí i John Wayne. Cap dels tres —nét, avi i amic— no va obrir boca, perquè sabien que tots tres adoraven ídols diferents. Badaven per motius ben distints, però al capdavall badaven tots tres. I la conclusió era que, en el fons, tots compartien la reverència pels difunts, que és comú a tot sentiment humanitari. Tots eren respectuosos amb els traspassats, fossin delinqüents, artistes o pollastres.

Van continuar avall, sempre obeint l'exitosa fórmula del tres-en-un. La ruta va alimentar les divergències d'esperit, ja que mentre el menut admirava les galeries d'art i els ceramistes que animaven la via, i en concret un gos blanc i enorme que vigilava un dels establiments, el savi Salomó retrocedia al palau del príncep medieval que havia ocupat aquell sector, que ja no existia, i a la capella del Sant Esperit, que encara hi era però que ningú no ho sabia. S'ho imaginava cinc-cents anys enrere, amb els cecs i contrafets que entraven a la confraria, passant sota la insígnia de la doble creu i els dos cistells, amb el recapte del dia. Tot un concert de campanetes i laments mancats de llum.

En Silvestre, en canvi, trobava a faltar els *tablaos* flamencs de la seva època, els turistes torrats pel sol, els cambrers amb armilla i els barrets cordovesos. La capella del Sant Esperit ja podia ensorrar-se ben sencera. Sospirava pel Cojo de Luque, per la Chicharrona de Jerez i per Fernando Terremoto, sens dubte millors a fora que dins de l'escenari. I per damunt de tot, enyorava les comissions que qualsevol guàrdia urbà es podia embutxacar en aquells locals, sempre que fos generós amb els horaris, amb les floristes i les *cerille-*

*res*. Allà tothom hi sucava, si tothom era raonable. La droga ho va matar tot. I els moros.

Van arribar a la persiana ondulada d'alumini que donava entrada al seu estudi. Quan ell encara patrullava, allò havia estat una taverna andalusa, i quan ell es va retirar, la taverna també ho va fer. Llavors va decidir comprar-la per quatre rals, just abans que els preus es tornessin impossibles, i va instal·lar-hi el seu particular centre de creació artística. En Silvestre Guillamet va estirar amunt la persiana, va notar una estrebada i es va quedar a mig camí. Es va redreçar a poc a poc, els ulls tancats, i va posar-se la mà al pit. Després va esbufegar i va arrufar les celles.

—Que em penseu ajudar o què? —els altres el van socórrer, però ell no va deixar de rondinar— ... parell d'estaquirots... Tanta escola i tants llibres, però babaus com n'hi ha pocs... Au vinga!

Van tibar amunt, tots tres. L'estrèpit va acompanyar l'operació, que es va resoldre amb un xoc metàl·lic. Al davant se'ls va obrir un cau negre i gran, poblat d'olors antigues. El savi Salomó va veure els estables de l'infant d'Aragó. El marquès es va endinsar en una taverna fantasma, encara plena d'acords rítmics, del repicar de mans i talons, i de les gitanes més sensuals que mai s'havien vist a la faç de la terra. I l'Arnau va entrar al castell encantat del seu avi marquès. Pura fantasia, la que fabricava en Silvestre Guillamet a cada passa. Pura fantasia de barri baix i pudent.

El marquès d'Escudellers va encendre els llums, un parell de bombetes agòniques i pelades, i va seure en un tamboret. Va deixar caure els braços damunt les cames i va empassar tot l'aire que va poder. Allò era la vellesa, va pensar; la vellesa era quan et sobrava el menjar i et mancava l'alè. El cos s'amotinava, com si tingués pressa a marxar i retrobar-se amb la terra. Allò era la vellesa, i ja feia uns anys que notava aquella revolta indecent de la carn. Va pescar el mocador a la butxaca i se'l va passar pel front. De sobte es va adonar que era el del nen, el que havia caigut als pixats. Va fer una ganyota, que no va arribar a exclamació, i va llençar el drap a la taula. L'Arnau l'observava amb atenció.

—Avi, vols un got d'aigua?

—No, fill.

Quina dèria amb els gots d'aigua. Segur que el nano ho havia après de sa mare, que quan no sabia què dir es dedicava a omplir gots d'aigua. L'Esteve no, que era incapaç de moure un dit. Aquell fill seu només sabia donar-li la llauna, repetir una i altra vegada que anés al metge, que s'ho fes mirar, que no calia jugar amb la mort. Però el marquès se'n fotia, de la mort. La pròpia desaparició no li feia cap por, i quan arribés hauria arribat. En això era molt cristià, o molt antic, o molt animal. Un dia, s'havia afartat de les raons del seu fill, que l'atabalaven massa.

—Però redéu, aviam... aviam, Esteve, que em vols fer immortal? No t'ho aconsello, saps...

—No em vols entendre —va protestar l'altre.

—Massa, que t'entenc. Escolta, la gent sempre s'ha mort. Sempre. Ja sé que tu voldries acabar amb les coses de sempre. No vols que visqui al meu barri de sempre, que vagi amb els amics de tota la vida, ja sé que et fa vergonya, i no sé quines lironades. Però en això de la mort, refotre, no siguis bleda... no me la robaràs pas, la mort, aquesta serà meva, meva només, i tu no t'hi podràs ficar.

Al marquès no l'espantava tornar a la terra. Era el seu dret, segons com. S'ho mereixia, i era llei de vida. Li feia molt més pànic viure com un esguerrat, com un baldat o un paralític, arrossegar-se per clíniques i hospitals, i adonar-se que tota la seva força i la seva elegància d'abans es convertien en indecència. Preferia una cosa ràpida, adéu-siau i que us donin pel cul, que jo me'n vaig. Perquè tan criminal era matar algú que volia viure, com fer viure algú que volia morir.

La dependència, era el que més l'espantava. La porca dependència. Però la mort, no gens. Sabia que allò era un final, però que no s'acabava del tot, perquè el món continuaria girant i el marquesat d'Escudellers, orfe i tot, seria ple de gent, i l'Arnau encara hi seria amb ulls com els seus i un nas com el seu i dents blanques com les seves. L'única mort que li feia veure l'horror era la del seu nét. Allò no, allò no havia de ser, no podia ser, i només suplicava que ell no ho hagués de viure mai.

—Té, avi.

El nen li havia portat el got d'aigua, malgrat tot. En Silvestre se'l va beure i li ho va agrair amb un gruny: li va tornar el got i li va picar el clatell. Ja es trobava més eixerit. Va mirar-se el savi Salomó, que havia estat observant l'estampa d'avi i nét, i que tenia els ulls aigualits. L'amic era dret, aguantava la boina entre els dits i exhibia la seva closca lluent. No era penjat en el segle XV, sinó potser en alguna oportunitat perduda del XX, i el marquès ho va notar.

—No siguis figa tova, Salomó —li va engegar—. Au, vine amb mi. I tu també, fillet.

Es va alçar del tamboret, i va fer la litúrgia de sempre. Va retocar-se el mocador del coll, va palpar-se la closca engominada i es va ajustar l'americana de quadres. Després va fer un senyal, i tots tres es van endinsar pel cau. Sota un sostre massís, de volta catalana, hi havia una jungla d'andròmines. Armaris i prestatges, un taulell llarg ple de papers, dos butacots desballestats i un biscúter en restauració eterna: l'atracció predilecta de l'Arnau. Encara hi havia restes de la barra americana de l'antic *tablao*, vigilada per un cap de toro dissecat i un parell de cartells taurins.

Van passar a la segona sala, encara més fosca, que feia

pudor de dissolvent. Els prestatges i les taules eren plens de pots, draps i pinzells. A terra, repenjats contra els murs o contra les taules, hi reposaven dotzenes, o fins i tot algun centenar, de quadres. Els més grossos despuntaven i mostraven bocins de natures mortes o paisatges barcelonins. Al centre de la sala hi havia sis cavallets coberts amb llençols.

—Ara veureu el que és bo, galifardeus —va afirmar el vell amb aplom.

Els altres dos van obrir els ulls, intrigats.

El savi Salomó era prou llegit per saber que les arts del seu amic no passarien mai a la història. El marquès era un autodidacte de segona divisió, no gaire selectiu. Les seves aficions musicals eren conegudes, i era sabut que no obeïen cap criteri permanent. Havia tingut la seva època de sardanista, el seu període de jazz i la seva edat flamenca, segons d'on bufava el vent o la musa que més li convenia. Amb la pintura, li succeïa una cosa similar, perquè la seva paleta anava sempre a remolc del darrer catàleg que li havia caigut a les mans. La diferència era que mai no havia pretès exercir de músic, i en canvi de pintor sí. Però en honor a la veritat, no es feia gaire pesat amb les seves creacions: amagava els seus quadres, no en parlava gens, i l'únic que delatava la seva afició eren les seves absències. Aquell era un principi universal: quan el marquès no feia soroll, és que pintava.

El savi li agraïa de tot cor aquesta discreció, però no l'entenia. No encaixava gaire amb la personalitat, desinhibida i altiva, del seu company. Quan li preguntava el motiu de tant secretisme, l'altre l'engegava amb un gruny, deia que allò era cosa seva i prou. Per això, quan el marquès va començar a destapar cavallets, el Salomó estava convençut que no assistiria a cap revolució de la plàstica moderna, però estava encuriosit, molt encuriosit. Era el primer cop que l'havia convidat a una cerimònia com aquella, i va pensar que l'ocasió devia ser de les solemnes, perquè també hi era el menut. La convocatòria era d'alt rang: el marquès d'Escudellers, el seu amic savi, i el seu nét Arnau, que era la nineta dels seus ulls. Un públic de luxe.

—Mireu —va dir en Silvestre, i va destapar amb litúrgia el primer quadre.

Era el retrat d'un home amb mostatxos, cabellera i barret ample, i estava inacabat, amb algunes clapes blanques als racons. A sota, una llegenda indicava, amb errors ortogràfics inclosos, el nom del personatge i els anys de naixement i mort. Els dos espectadors, el vell i el minyó, van parpellejar. Quan el marquès els va interpel·lar amb la mirada, van parpellejar de nou. I finalment, el savi va decidir esbossar un somriure, per evitar que l'escena es congelés. Això va posar en marxa l'artista, que amb la distingida gràcia que li conferia la jaqueta comprada als encants, es va plantar davant els cavallets, i va enretirar en cadena totes les cobertures; totes llevat de l'última. El públic convidat va parpellejar.

Al seu davant tenien cinc retrats, cap d'ells enllestit del tot. Els noms aclarien la identitat dels cèlebres pintors: Velázques (1599-1660), Golla (1746-1828), Ruvents (1577-1640), Delacrioix (1798-1863) i Fortuyn (1838-1874). Molt bé, van dir els presents amb un cop de cap. Molt bé, van pensar per dins, cinc rostres, quatre bigotis, tres barrets... però i què? Fins i tot l'Arnau, que a la seva edat acomplia abans la missió d'adorar el seu avi que no pas la missió d'entendre'l, estava perdut. I va ser aleshores, en aquell instant de desorientació muda, que el prohom dels ramblistes va executar el seu gir magistral. Es va aproximar al sisè cavallet, el que encara no havia despullat, i va pinçar amb dos dits el llençol que l'ocultava. S'hi va estar ben bé una eternitat, l'antic guàrdia municipal, esgotant l'autoritat que li conferia el seu drap. Potser Picasso, o Dalí, o Van Gogh... dubtava el savi Salomó, sense gosar pronunciar-se, sense moure ni una cella. I quan semblava que el món ja no avançaria mai més, que l'albada dels justos els enxamparia allà mateix en disposició escultòrica, aleshores el marquès va descobrir el darrer quadre.

Els espectadors es van quedar glaçats. Com si haguessin vist el dimoni o el cosí germà del dimoni.

—Quina passssaada... —va exclamar el nano, amb aquell somriure d'ulls dels joves que són a punt d'entrar en la fàbrica d'adults.

—Verge Santa —va murmurar el savi. L'home es va palpar la boina amb els dits, després se la va posar i se la va treure altre cop. Una suor freda li va baixar per les galtes i pel front, i li va degotar a les ulleres. Llavors es va aclarir la gola, i a poc a poc es va deixar conquerir per una tos obstinada. Fins que li van saltar les ulleres a terra.

—I doncs, borinots? Què? —el marquès va treure pit—, què me'n dieu?

—Ostres, avi! —va encertar a dir el nen—; ostres, ostres, ostres! Si ets tu, avi, aquest ets tu!

En efecte, el retrat exhibia sense pudor les dents blanques del marquès. Els seus cabells engominats, la seva mirada afuada i el seu inseparable mocador de dandi septuagenari. A la llegenda, per si en quedava algun dubte, s'hi llegia ben clarament Silvestre Guillamet, Marquès d'Escudellers. I afegia una data incompleta: 1925–. El savi va continuar amb els estossecs.

—És clar que sóc jo —l'home es va ajustar l'americana—. Qui hauria de ser, si no? I no feu el beneit, cony. Digueu-me què us sembla. Impressionant, oi? Deixeu de badar, parell de sòmines! Impressionant, eh?

El Salomó va tossir una penúltima, i després una última vegada. Es va ajupir per collir les ulleres. Impressionant, pensava ell. Impressionant devia ser la paraula adequada, sí, li deia una veu interior. Es va redreçar, va refregar-se les lents i va demanar al minyó que anés al lavabo.

—Però si no en tinc ganes.

—Vés-hi, xato. Sempre surt alguna cosa.

Els dos vells es van quedar sols, i aleshores el calb es va calçar la gorra de nou. Va confessar a l'amic que no s'ho esperava, i l'altre va respondre amb una ganyota d'orgull. Però el savi Salomó va creure que tenia una missió a complir, una dolorosa obligació, i va parlar.

—D'això, marquès —va empassar salivera—. Diria que t'has excedit.

—Per què? —l'altre va arrufar el nas.

—Home, aquest trinxeraire... —va assenyalar en direcció al lavabo—. No li pots fer, un espectacle així. Ara anirà als seus pares, i ja saps...

—Me la bufen, els seus pares. I no és cap trinxeraire, és un pinxo. L'Arnau és un pinxo, perquè...

—Que no, marquès —va pontificar l'altre—. En propietat, és un trinxeraire, un trin-xe-rai-re. Un pinxo és un jove més gran, un galifardeu que juga amb les cartes i amb les noies. Un trin-xe-rai...

—Vés a cagar, tros de diccionari! Jo li dic com em peta, em sents? Aviam si jo no puc, al meu propi nét...

—Bé, bé —va concedir el savi—. Pinxo, si t'agrada més. Però això dels quadres, realment... Pensaran que no hi toques, marquès, diran que t'has begut el cervellet.

—I què?

En Silvestre va desafiar el seu col·lega. Li va clavar la mirada: tot el cap li tremolava, i el cos li tremolava, però els ulls de foc no li vacil·laven.

—Home —va fer petar la llengua—. Encara t'ho hauré d'explicar tot, jo.

—Doncs espera que faci el que tinc pensat. Espera que faci la meva gran obra. Ja veuràs el que és bo.

—Gran obra? —el savi va sentir que li mancaven les forces, i va anar a trobar un banc.

—Sí, mira. Escolta. Oblida els quadres aquests, això només era per... per anar fent boca. Vine, vine...

El marquès va acostar-se'l a cau d'orella. L'enuig li havia passat, tan veloç com havia arribat, i el geni havia cedit a una lluïssor còmplice dels ulls. Li va explicar el regal que pensava fer al seu nét. L'altre va fer un bot enrere.

—Un mural? —es va apujar les ulleres—. Un mural, dius? Per al nen? Vols dir, marquès, vols dir?

—És clar que vull dir, hòstia, és clar —va agitar les mans—. D'aquí no res farà deu anys, el pinxo. I es mereix un bon regal. Jo no sé quant de temps hi seré, en aquest món. És ara o mai. Havia pensat en...

—Però si mai no acabes res del que comences —va atacar el savi—. No li fiquis pardals al cap, per l'amor de Déu. A més, no t'agrada ensenyar el que pintes. Sempre m'ho has dit, que les teves obres només són per a tu —va mirar de cua d'ull els sis retrats—. Fins avui, si més no.

—Ara serà diferent, serà l'última obra, la més gran, la que el noi es mereix. Un mural enorme, en una paret mitgera, a la vista de tothom —va perdre els ulls en el buit—. Amb verges i sants, i les putes i els toreros més famosos que han passat per Escudellers. Una obra mestra —va dibuixar un gran arc per sobre del local—, la meva herència per a l'Arnau, i per a la ciutat.

—Verges i sants, ara? Però què t'ha agafat, si tu no has anat mai a missa!

El marquès va dubtar un moment, però només un moment. Si bé era veritat que no anava mai a missa, també era sabut que ell era molt religiós. Venerava la tradició, els sants i les supersticions. Les esglésies, les imatges, els capellans i els parenostres eren una realitat, encara que Déu no passés de ser una hipòtesi. En el terreny religiós, a ell no li faltava res, tret potser de la fe. Però no era qüestió de perdre's en minúcies.

—Saps què? —va fulminar en Silvestre—. Faré el que em passi pels ous. Que no enllesteixo res del que començo? —va rebufar—. Doncs això sí que ho acabaré, mira què et dic. I tu, tu no és que no acabis res, tu ni tan sols comences les coses. Quantes novel·les has dit que faries, i...?

Era cert. El savi Salomó sempre presumia d'idees per escriure llibres magnífics, i a l'hora de la veritat no s'hi posava. La més famosa era la d'aquella història sobre la Terra, que al final resultava que era l'infern d'un altre planeta. La nostra Terra, insistia; t'imagines, deia, descobrir que en realitat nosaltres som al lloc on condemnen les ànimes que no poden residir al paradís? Un paradís que existeix en una altra banda de l'univers? Grans projectes, tenia el Salomó, que sempre quedaven en projectes. L'escriptor frustrat es va gratar el front, va fer dos cops de cap i va protestar.

—Avui sembla que l'hagis pres amb mi. Jo només sóc el teu amic, i vull que entenguis que no pot ser. No pots ensarronar així el nano.

—Au, fantasma, vés a fer els teus llibres —va despatxar-lo amb els dits—. I vés a plorar la teva gossa. Fots pena, Salomó. Tu sí que fots pena. I tot perquè no tens ni un punyeter fill, ni un maleït nét per passejar. Fot el camp, tros d'ase, amargat...

El savi Salomó va marxar just quan el nen sortia del lavabo, i no es va acomiadar. Prou feina tenia a fregar-se i embrutar-se les ulleres amb els dits.

En Silvestre Guillamet, policia retirat i pintor com n'hi ha pocs, va arronsar les espatlles. No era el primer cop que s'enganxava amb el seu amic, i no seria el darrer. El duet que formava amb el savi Salomó, això ho sabia el barri sencer, era un d'aquells matrimonis vells, que es basen tant en l'afecte sincer com en les esgarrapades assídues. Ja tornaria, el savi. De moment tenia feina, i no podia perdre el temps amb un iaio que repapiejava. S'havia de centrar en la seva gran empresa, i la seva empresa era allà al davant, cada dia més a prop dels deu anys d'edat, assegut de qualsevol manera, repenjat amb la galta a tocar de la taula, gratant la fusta amb les ungles, desmanegat i absent.

—Ha marxat, en Salomó? —va preguntar el noi.

—Sí —l'avi va xuclar amunt—. Ja tornarà. Escolta, Arnau, estava pensant... Tu aviat faràs deu anys, oi? No has pensat en res, res que et pugui fer gràcia? No tens alguna cosa...?

—Un mòbil —va respondre el xiquet, sense canviar de posició.

—Qui et va parir, collons de mòbil —va sospirar el vell—. No, Arnau, no et penso regalar cap maquineta de sorolls. Pensa-hi, hauria de ser alguna cosa especial, memorable, increïble...

—Ah, ja. Impressionant, vols dir —el nen va mirar de cua d'ull els sis retrats, i va continuar gratant la taula.

—Sí, això mateix. Un regal impressionant. Mira, escolta, tinc una idea.

El marquès va seure davant del minyó, i li va exposar el seu propòsit. A mesura que oferia detalls, que dibuixava les formes del gran fresc a l'aire, que vestia el seu mural de bondats universals i eternes, el nen anava obrint els ulls. Potser el va meravellar la descripció de l'obra mestra, potser la convicció que hi posava el seu avi. En qualsevol cas, quan es va fer el silenci, l'Arnau ja seia ben dret i obria uns ulls com taronges. I va engegar la bateria de preguntes: que qui ho faria, que com ho farien, que on el pintarien, que quan estaria llest i, sobretot, què en diria el seu pare, de tot allò. Una intuïció de gairebé deu anys, que no és poca intuïció, li feia entendre que la clau de tot plegat residia en aquell punt: el seu pare, o sigui el fill del marquès, o sigui l'Esteve Guillamet.

—Deixa estar ton pare, merdes! Ja me n'ocuparé jo...

El marquès tenia clar que el seu fill, respecte a l'Arnau, exercia un protagonisme injustificat. En el fons, sospitava que l'Esteve no es mereixia ser el pare d'aquell nano tan espigat, que el càrrec li venia gros. Ho havia cregut des del primer dia, des d'aquella hora exacta, feia prop de deu anys, quan li havien fet saber que la mare anava de part. L'havien avisat amb una trucada a un veí, i li havien dit que no hi havia manera de comunicar amb el pare. Ell ho havia penjat tot, i havia enfilat Rambla amunt per buscar l'Esteve sota les pedres. De sobte, s'havia adonat d'una columna de fum que s'enlairava en el cel, i multituds de curiosos que badaven. En arribar a l'Oriente, li havia costat avançar. El Gran Teatre del Liceu s'estava cremant.

Va ser un espectacle curiós, perquè la fumarada era negra i espessa, però tota sortia de dins, de les entranyes del teatre; la façana semblava adormida, intacta i estranya al que passava a la seva esquena. Què més volen, recorda que va exclamar per dins el marquès; encara conservaran l'escalinata, els salons, les catifes... i es cremarà tota la resta. Així no caldrà que aguantin més la pallissa de les òperes, va rumiar, així s'estalviaran el rotllo, i podran passejar els seus modelets i fer vida social als passadissos. Després va rectificar, i es va obligar a pensar que no, que allò era una pena, i que aquell Liceu, millor o pitjor, formava part del seu món. I tot seguit va rectificar altra vegada, perquè el seu nét era a punt de néixer sense la presència del seu pare, i el futur empenyia amb força, i el passat s'havia d'enretirar.

Va fer una gran volta per arribar als despatxos del seu fill, que treballava a l'administració. Quan finalment va arribar a l'edifici, no el volien deixar entrar. Ell es va saltar els bidells i les secretàries, i va irrompre a l'oficina de l'Esteve seguit d'una noia que l'estirava del braç. Tres o quatre joves encorbatats, el seu fill entre ells, se'l van mirar de dalt a baix. El fill va protestar que havien donat ordres estrictes que no els molestessin per res del món, i un altre va demanar si es cremava alguna cosa. El marquès va replicar que sí, que s'estava cremant el Liceu, però que no era allò el que volia dir-los, que...

Les corbates van fer un bot i van començar a bellugar-se. Una d'elles va llançar-se damunt d'un telèfon, una altra va sortir de la sala, i la de l'Esteve va secundar les instruccions que proferia el seu amo. Calia salvar els quadres, deia, sobretot els quadres, que eren el més valuós. L'avi imminent es va quedar clavat, desbordat per l'alarma que havia generat. Però abans que la corbata del seu fill desaparegués del mapa, la va caçar al vol i li va dir que era a punt de convertir-se en la corbata d'un pare de família. Que el nen estava a punt de néixer. I aleshores va girar cua, decidit a no perdre més el temps.

Va aconseguir arribar a la clínica just a temps, o sigui just a temps de sostenir l'Arnau en braços. Fins aleshores, els nounats no havien representat gran cosa; paquets ploraners, com a molt. Però aquell era una altra cosa, era el seu paquet ploraner, i el va estrènyer amb més ganes, moltes més ganes, que no pas havia fet temps enrere amb el seu Esteve. I per si no se n'havia adonat prou, que el fill i el nét li tibaven cordes diferents, ho va comprovar de seguida. L'Esteve va arribar a misses dites, suat com un porc, el cap dividit entre l'òpera en flames i la paternitat sobtada. Quina pena.

Aquell era el pare que li havia tocat al seu nét, i des d'aquell dia havia sabut que el nen no havia fet sort. Per si abans n'havia tingut algun dubte, aquell matí va comprovar que ells, nét i pare i avi, ells i la felicitat, no estaven fets per viure al mateix poble. Des que havia mort la Mercè, la seva dona i la matriarca de la família, allò ja era una sospita a crits. Però l'arribada de l'Arnau va confirmar el que el destí havia escrit per a ells. Havien passat gairebé deu anys des d'aleshores, i el desavinença havia crescut a cada hora. La seva dedicació al menut no oferia ni un sol minut de treva, tot ho havia d'aconseguir amb penes i esforços i raons.

—El teu pare dirà el que diu sempre —va reconèixer el marquès, adreçant-se al noi—; dirà que m'he begut l'enteniment, que no en faig ni una de dreta, i que sempre t'entabano, i que...

—Com ens ho farem, doncs?

—S'empatollarà de mala manera, ja ho veuràs —va continuar el vell—. Que si li faig *pressing*, que si li faig *mooving*...

—Que li fas què? —va preguntar l'Arnau tot divertit.

—Jo què sé... No ho sap ni ell, el que vol dir. *Mooving*, moure molt les coses, crec que vol dir. I *pressing* vol dir tenir molta pressa. Tant és, farà veure que és molt llest i modern i la cagarà, com sempre. I m'acusarà de no acabar mai res del que faig.

—Sí, sempre diu això...

—Potser sí, potser ho deixo tot penjat —va prendre alè—. Però és que res no s'acaba a la vida, m'entens? Res no desapareix del tot, res no se'n va sense passar per la terra, i brotar de nou... La vida que se'n va permet la vida dels que vénen, saps? La mort no triomfa mai del tot, no hi ha un final i ja està, i et cauen els collons i fora!

Molta gent deia que en Silvestre Guillamet tenia brots de geni. Deien que no hi tocava, que les coses del seu passat l'havien fet fora del món real. Deien que somniava truites; ho deien el seu fill i la seva jove i molta altra gent. Deien que era un malcarat, que era un racista i un masclista. Deien que es barallava amb els amics, que no tenia educació i que més valia evitar-lo. Tothom el saludava quan el veia pel carrer, de Canaletes cap avall. Però més amunt, si algú el reconeixia, procurava esquivar-lo i seguir com si res. El marquès era un problema, deia molta gent. Un problema que s'havia quedat encallat mig segle enrere, i que no tenia solució. Deien tantes coses...

L'Arnau no deia res de tot allò. El seu avi era el seu avi, i prou. Potser no era el millor, però era el seu. Ja ho veia, que tenia el cap ple de dimonis, ja era prou gran per adonar-se'n. Però també veia que el seu avi, el marquès d'Escudellers, creia en els àngels. Ho veia i ho sabia, perquè el seu gran àngel era ell mateix, l'Arnau.

—Molt bé, avi, farem el mural. Ens en sortirem, ja ho veuràs.

L'avi va fer un cop de cap i va obrir un somriure, tan ample que li sortia de la cara. La vida li havia regalat l'Arnau. No li ho va dir, però va saber que aquell pinxo era el millor que li havia passat a la vida. I era tan bonic, tan seu, que només de mirar-lo ja feia mal. I va jurar en silenci que aquell noi tindria el seu mural. Ell, Silvestre Guillamet, el marquès d'Escudellers, no es moriria sense acabar la gran obra. Aquell nano s'ho mereixia, sí senyor, aquell nano tindria el més noble i preciós de la seva persona. Aquell nano, reputes, aquell nano es quedaria amb el bo i millor del seu món. Aquell nano havia d'heretar la Rambla. La galàxia d'Escudellers seria d'ell. Oh i tant.

# Fermina la Coixa

El Carripota? Qui és el malparit aquest? —l'avi va arrufar el nas.

—No saps qui és? —el nano va xutar una bossa de plàstic—. És un noi que té poders de bruixot, surt a tot arreu, llibres, pelis... i en uns jocs de la Play, on fa uns trucs que estan guais.

—Un bruixot —el marquès va tossir—. Potser sí... Però primer hem de trobar una paret buida, i llavors et pintaré, al damunt de tots els altres famosos, a dalt de tot. Disfressat de Capipota o del que sigui.

Era dissabte, i en Silvestre Guillamet s'havia emportat el nét de passeig altra vegada. Voltaven pel barri, tot estudiant els murs de les cases. De tant en tant, alçaven la vista i amidaven algun pany de paret. L'Arnau mirava ben fix, inclinava el cap d'un costat i es tocava el llavi amb un dit. El seu avi ajustava la vista perquè no el molestés el sol, es palpava els cabells engominats, de color verd groc, i feia salivera. Després es miraven, sense dir res, arronsaven les espatlles i continuaven. Encara no n'hi havia cap que els convencés. El marquès començava a perdre la paciència.

El vell no ho hauria reconegut mai, però li creixia el cuc de l'herència. No era que tingués gaire patrimoni per deixar a ningú, no. D'alguna manera, tenia ben clar que el seu llegat, la seva única i autèntica fortuna, la portava a dins.

I sense admetre-ho, sentia urgència per eternitzar la seva personalitat, aquell estil fet a força de carrer i de vida. Volia lliurar la seva ànima estranya i immortal a algú. El mural per a l'Arnau havia de ser la seva última petja, la darrera voluntat que, com més passava el temps, més inajornable es feia. Havia de començar la seva pintura, l'havia de començar de seguida, i acabar-la abans que el noi complís els deu anys. Però sobretot, abans que la vella amiga negra el vingués a reclamar. Era desesperant pensar que podia... Tot d'una, el marquès va clissar algú que s'acostava.

—Hòstia, la que ens faltava. La Coixa, tu. I el brètol del seu fill.

La Fermina es va acostar amb el seu pas laboriós i sincopat, però inexorable. Es va plantar davant les preocupacions del marquès i va saludar amb un simple cop de cap. L'altre va respondre amb un somriure forçat. Els dos nois es van apamar amb la mirada. El Moreno era tot el contrari de l'Arnau: tosc i ossut, de pell colrada, els ulls enfonsats i un nervi desbordat que no li cabia al cos. Va xuclar amunt, es va passar la mà pel nas i se la va eixugar als pantalons. Llavors es va posar a tossir, i la seva mare li va picar l'esquena amb parsimònia. Ell se la va espolsar del damunt. Si hagués tingut pare, la Coixa l'hauria picat d'una altra manera, o no l'hauria picat gens ni mica: però no tenia pare, si més no conegut. Era un noi malalt, això es veia d'una hora lluny, i també es podia apreciar que ell i la seva progenitora compartien poques coses, més enllà de la morositat física.

—Què —va fer la Fermina, sense arribar al to de pregunta.

—Res —va comentar el marquès—. Passejant. Amb el màgic Arnau. El teu fill... —va tustar-li el clatell per tallar-li la tos al Moreno, i el noi es va arronsar—... també veu tantes pel·lícules? Aquí el meu pinxo no veu més que bruixes i fantasmes...

—Psè —la dona es va apuntalar al respatller d'un banc—. A casa els veïns. Torna ple de paraules estrambòtiques. És un troglodita, ho pesca tot. Parla moro i africà, i també indi. De gran serà actor de cine, oi fillet?

—A tu què t'importa —va afluixar el marrec, entre estossec i estossec.

Quina creu de nen, va fer en Silvestre amb l'expressió. Si no fos per culpa d'aquell malcarat, la Fermina hauria arribat lluny. Bé, si no fos per culpa del mocós i també de la malaltia. La Coixa podia haver estat una celebritat. Podia haver sortit als diaris, com la reina del Xino. O com la Monyos. De fet, tenia una certa semblança amb la ramblista més gran de tots els temps: un caminar oscil·lant, menuda, prima com un secall. Algun dia havia pensat a pintar-li els llavis, clavar-li una mantellina i un ventall, vestir-la de flamenca adolescent, i llançar-la a conquerir la Rambla. Però no. La Monyos havia tingut la sort de tornar-se boja, d'enfollir a causa d'un amor que li va prendre el seu únic fill. I havia arribat a vella, en una època en què la droga i el gran mal de les putes encara no es prodigaven. Quin personatge, la Monyos, i quins temps aquells, quan ell era un infant, quan el talent encara es guanyava reverències al pla de la Boqueria, quan...

—Venim del metge —va anunciar la Fermina.

—Quin metge? —va fer el marquès, retornant dels temps d'abans de la guerra.

—El dels peus. No sé per què ens fan anar al dels peus, sempre, des que va néixer. I té uns peus perfectes, ell, sóc jo que me'ls hauria de fer mirar.

—El metge dels peus?

—Sí, el pediatre.

—Ah.

En Silvestre es va ajustar l'americana de quadres i el mocador del coll. Llavors va prendre una determinació difícil. Potser s'equivocava, però necessitava ajuda, i la Coixa era de confiança. La dona havia tret un aprovat en la dura escola de la vida —no pas un excel·lent, però la nota justa ja servia. En arribar a Barcelona, tota sola, s'havia apuntat a la darrera banda de gateres de la ciutat. Unes amigues grans li portaven els despistats de poble, ella se'ls enduia a un pis abandonat, i allà, mentre el gatet despullat se li arrapava, les amigues li buidaven part de la cartera. Sempre deixaven alguns bitllets, perquè el ximple no s'adonés de res i pogués tornar a casa. Al cap de poc, la Coixa havia deixat el truc del gat i havia començat a rondar locals, que és on ell, el marquès, l'havia conegut. Encara no era coixa, és clar. Ell, el policia, havia vist que era llesta i bondadosa alhora, una combinació gens habitual. Però d'allò feia anys, i havia plogut molt, i a més no estava acostumat a demanar socors. Es va aclarir la veu i no la va mirar, perquè tampoc no volia donar gaire importància a l'assumpte.

—Estem buscant una paret mitgera —va confessar—. La vull pintar de dalt a baix, ara que el pinxo farà deu anys, i és clar...

La Coixa el va repassar tot sencer i després va clavar els ulls en les seves pròpies sabatilles esportives. Sempre duia el mateix uniforme, que consistia en aquell calçat i un xandall gastat, i és de suposar que no sentia cap interès sobtat per la seva roba. De fet, estava repassant mentalment les parets del barri. Sense apujar els ulls, va interpel·lar l'home.

—I què dius que vols pintar?

—Estic pensant en una espècie de retaule... vull dir un gran mural, —va rectificar— ple de figures importants, com un homenatge al barri...

—Sí, sí —va fer la dona—; però qui hi sortiria?

—Ah! Doncs sants i verges, putes, policies, toreros i cantants, famosos. I l'Arnau, i potser el Moreno... I tu, per què no?

—A mi deixa'm en pau. I al meu fill també.

El Moreno se la va mirar amb severitat, i li va clavar una empenta. La Fermina va provar de mostrar-se ferma, però la cama li va fallar i va haver de salvar la caiguda amb el banc públic. Va estendre la mà, tot demanant treva al marrec, i va continuar.

—T'ajudaré, si fas una cosa. —El marquès la va escoltar mentre es pentinava la gomina—. Vull que hi pintis santa Rita, envoltada de flors, i amb les paraules del sisè manament.

—El sisè? —l'avi es va gratar la barbeta.

—Sí. No fornicaràs ni al pare ni a la mare.

En Silvestre Guillamet va sospirar amb força. Va negar amb el cap, després es va ajustar el mocador, va sospirar altra vegada, i finalment hi va accedir. Pintaria el que calgués. Però en un racó, no pas al lloc més destacat. Van tancar el pacte amb una mirada ferma, i van emprendre la marxa. La Fermina i el seu fill estaven ben documentats, ja que l'una es coneixia totes les cantonades de la zona, i a l'altre no se li escapava cap superfície plana on fer-hi pintades o xutar-hi pilotes. Aviat van ser a la placeta nova del Frontó Colom. Al davant hi tenien un mur de granit grisenc, més llis i pelat que el cul d'un mico. El marquès va prémer els llavis.

—No pot ser, Fermina.

—És el millor lloc, i el que guarda més fantasmes.

—Fantasmes? —va saltar l'Arnau.

El Moreno va alçar els braços, els dits pengim-penjam, va emetre uns quants udols i va provocar el riure del company. El marquès va deixar anar un gruny.

—No, aquí no, ni que hi hagués mòmies egípcies —va sentenciar l'avi—. Ni parlar-ne, l'ajuntament se'ns tiraria a sobre.

Els fantasmes voltaven per allà, per descomptat, i el marquès sabia molt bé qui eren. En aquella plaça, ara poblada de rodamons bàltics i estudiants, abans hi havia hagut un autèntic embús de comèdies i tragèdies humanes. Entre edificis compactes, el carreró del Gínjol, que feia dos colzes estrets per sortir a la Rambla, havia estat un torrent de colors.

A la banda de dins de la plaça, hi havia els fantasmes del Xalet del Moro. Els espectres es trobaven orfes de finestrals arabescos, de melodies orientals i d'aquella murciana indomable que es feia dir Xerezade. Un ambulatori modern li havia pres el lloc, potser per espantar la sífilis que encara s'amagava al subsòl. I allà on hi havia hagut l'embús humà, camí de la Rambla, havien volat les habitacions Ideal, on tots els aspirants a Don Juan hi havien conduït les respectives sueques, un cop travessat el bar passatge Sanlúcar. Tampoc no hi eren les gitanes i els ionquis més eixerits de la ciutat, aquells que tocaven i robaven tan ràpid com parlaven. Ni tampoc la Buena Sombra, el local de noies barates. Tot havia deixat pas al sol vertical que ara cremava la placeta.

Tot allò no hi era i encara hi era. El vici havia fugit cap a la ciutat alta, certament, però els esperits que l'havien conreat es resistien a marxar de la plaça. Sí, s'havien extingit els banys públics, el carrer del Gínjol i els caus de perdició, però no pas els records lúbrics ni la petja de les menors d'edat que traficaven sexe a canvi d'una jaqueta, un rellotge o una xeringada. I la Xerezade, on era la Xerezade? Bé, a la fossa comuna; però l'expolicia podia recordar la torreta desapareguda on aquella odalisca havia acabat els seus dies, amb una xeringa penjada del braç. Ell mateix l'havia trobat i havia ajudat a aixecar, sense cap esforç, el cadàver escurat de la murciana.

El marquès va conduir el grup cap a la Rambla. Ho va fer tot obeint una insòlita ziga-zaga, que resultava absurda en l'espai d'aquella plaça banyada pel sol. Els nois no van entendre la maniobra, però la Coixa sí, ella va comprendre que l'home resseguia el traç de l'antic carreró, endut per la inèrcia: primer a mà dreta, després ben arranat a l'esquerra, procurant salvar les velles cantonades. La facècia es va acabar a tocar del bar Cosmos, reconvertit en refugi de turistes ben dutxats i avis desclassificats.

Abans, les ombres que sortien escopides del passatge podien trencar a mà esquerra, cap als *meublés*; o travessar tot dret, fent cap als entrepans i els pernils penjats de La Castellana; o tirar a mà dreta i escales avall, buscant els urinaris públics. L'escampada era possible a qualsevol hora de la nit i del dia. Ja no. Només havia sobreviscut el Cosmos. L'espectacle del Gínjol s'havia evaporat, i les seves ànimes eren trepitjades per la riuada d'estrangeria, ben dutxada o mal dutxada, que colonitzava la Rambla.

—I ara què? —va preguntar l'home, tocat de nostàlgia.

—Ara avall —va dir la Fermina.

—Quina pallissa... —va rondinar el Moreno, i li va caure un bolet ple d'amor.

Els dos adults es van avançar i van deixar que els nanos els seguissin a certa distància. L'Arnau i el Moreno es van examinar de cua d'ull, desafiant-se l'un a l'altre, sense dir gaire res. Si haguessin parlat, l'Arnau hauria admirat la llibertat del Moreno, i aquest hauria envejat la riquesa de l'altre. Però no van parlar, no es tenien prou confiança. Només eren amics com ho podien ser el Nord i el Sud, el blanc i el negre, o la sort i l'infortuni. El nét del marquès va trencar el gel.

—El meu avi era poli.

—Aquest fòssil? —va murmurar el marrec en veu baixa—. Poli de què?

—Dels de debò —va assegurar l'altre, mirant-se la punta dels peus—. Jo li he vist l'uniforme i la gorra, els guarda a casa seva.

—He! —el Moreno va fer una riota—. És una bola, tio, no m'ho crec. I ara em diràs que té una pistola, oi?

—És clar que sí! —va proclamar l'Arnau ben fort, perquè no ho sabia del cert.

—Uuui, quina por... —el Moreno va fer cara de mona i es va posar a saltar al voltant de l'altre, fent el gest de disparar—. Pim pam pum, el iaio pim pam pum!

Al davant, el marquès i la Coixa ignoraven els nens. Van guardar un silenci reverencial, perquè passaven a la vora d'un escenari memorable. Van alentir la marxa i no van dir res. En aquell edifici que els quedava a tocar, l'antic Excelsior, més tard saló de te Tabú, en aquell forat de vida tèrbola, l'atzar els havia ajuntat. Allà s'havien trobat per primera vegada ell, que anava de paisà, i ella, que encara no era coixa i que s'esforçava a entabanar els paisans. D'entrada, ell havia preferit no dir-li res sobre la seva professió: es va limitar a seguir-li la conversa, amb un mig somriure, i després la va convidar a sortir. Quan ella pensava que ja el tenia al sac, ell la va portar al minúscul quiosc de begudes de l'Arc del Teatre, i la va convidar a una explosiva cassalla amb panses.

D'entrada la Fermina havia pensat que li prenien el pèl, que se li escapava el jornal de la nit. Ell li havia insistit que no s'equivoqués, que amb l'amistat hi guanyaria més que amb una simple rebregada. I la noia, aleshores de pits menuts i ferms, havia encongit les espatlles. El marquès d'Escudellers havia iniciat en aquell punt la seva grandiosa acció protectora. Arribat el moment, li va confiar allò que ja circulava per les comissaries: que es preparava una forta batuda pels *meublés* de la zona. Més li valia evitar el barri Xino, que havia rebut una sentència de mort, va afirmar. Podia pescar clients al Drugstore, si volia, o al Panam's, entre les noies de classe i els gigolós, o al Kit Kat, o al Texas, o a qualsevol barra americana de la banda esquerra. A la dreta de la Rambla, a la part del Xino, la geografia del pecat estava condemnada, i aviat només hi quedarien els camells, els grenyuts i les putes velles. Escudellers era el futur, va participar-li amb una nota d'orgull.

Va ser llavors que la Fermina li va veure la cara de bòfia, que costava molt de veure en un home que, lliure de servei, guardava les formes. Va agrair-li la confiança, va callar i poc després va poder comprovar la veracitat del rumor. En una nit fresca de maig, centenars de guàrdies municipals i de grisos van caure sobre el Xino, i van clausurar una pila de locals. Es van endur les dones a cabassos, i a algunes van arruïnar-los la vida. Totes les que van ser pescades amb paperines de droga, que eren la majoria, van haver d'escollir entre pagar o anar a judici. Ella no, ella s'ho va mirar des de l'altra banda, i des d'aquell moment va decidir que se sotmetria sense dubtar-ho a l'autoritat paternal del seu amic Silvestre.

Havien arribat ja al capdavall de la Rambla, a l'edifici de l'antiga foneria de canons. La Coixa va fer un viratge apuntalat cap a l'esquerra, i es va plantar davant de la façana. El marquès va mastegar saliva i va arrufar el nas.

—Qui et va parir, Fermina, aquí no hi veig cap mur.

—Oh i tant, per aquí.

La dona va ranquejar cap al lateral amagat de l'edifici, i va apuntar a un cul de sac tancat amb una reixa. L'atzucac entrava potser deu passes endins, estava poblat de canonades i humitats i era fosc com la gola de l'infern. La paret més visible comptava amb finestrals, i la que no es veia era, per dir-ho amb generositat, una superfície llisa. L'avi va entrar el nas a través de la reixa, i el va enretirar amb fàstic.

—Tu no hi toques, nena. Com pretens que hi entrem, aquí? I això no es veu... jo vull que es vegi, la pintura! —va sospirar—. I saps com se'n diu, d'aquest passatge? Collons, saps amb quin nom es coneix, això?

—No hi ha cap ròtula, a la paret.

—Ni ròtula ni ratolí, no em fan cap falta. Això és el carrer de Cagar-hi, vet aquí. Cagar-hi, n'hi diuen. Aviam si jo haig de fer un homenatge a la meva gent en aquest niu de merda! El bo i millor de la nostra història, en aquest, en aquest...

—Home, és el primer que es troba la gent quan entra a la Rambla —va protestar la Coixa—. Entren a la ciutat, i pam! El teu morat. El Salomó em va dir que hi havia un banc molt important, aquí. El més ric de tots.

—Se me'n fot. No penso fer...

La Fermina va encongir les espatlles, i va estirar el seu amic cap a un altre emplaçament. El marquès va xuclar amunt i va modular la veu.

—Per cert, què en saps, d'en Salomó?

—Li està passant el disgust. Aviat et vindrà a trobar.

—Millor —va afirmar l'home—. Els homes tous em treuen de polleguera.

—Cagundéééu!

L'home cridava a cor què vols, la cara enrogida i les venes del coll inflades com les d'un pollastre. Era un ancià, que avançava decidit, endinsant-se sense rumb pels passatges estrets de la ciutat vella. El marquès i la Coixa el coneixien prou, però no en coneixien el nom real. Era en Cagundéu, i l'únic que calia saber era que des de la guerra civil, durant més de seixanta anys, havia fet ressonar el seu crit de guerra pel barri. S'havia tornat boig de molt jove, el mateix dia que havien entrat les tropes del general Franco a la ciutat: el mateix dia que el marquès havia perdut el seu pare, segrestat per uns falangistes. Aquell dia funest, doncs, en Cagundéu havia perdut el senderi i havia començat a ser en Cagundéu, i ho havia estat per sempre més.

—Seguim-lo —va dir la Coixa.

—Per què? —va protestar l'amic—. Ja sabem on va, sempre fa el mateix circuit...

—Seguim-lo —va insistir ella.

L'avi va sospirar, però va accedir al caprici de la dona. En Cagundéu era un dement, un dement del tot previsible. S'aturava davant l'estàtua del Pitarra, allà on s'hi havien hostatjat les milícies populars, i allà bramava amb totes les seves forces. «Cagundéu», és clar. Després baixava fins a l'antiga seu d'un sindicat català, i tornem-hi: «Cagundéu». S'arribava a Colom, on la revolució havia plantat cara als militars, i «Cagundéu». Llavors trencava a mà esquerra, com estava fent en aquell moment, buscava el carrer Nou de Sant Francesc, i s'hi internava. Quan era a mig carrer, assenyalava la casa del poble que havien ocupat els anarquistes, i altre cop. Tot seguit, es desviava a mà dreta per anar a trobar l'antiga lògia maçònica del carrer Avinyó.

Als envolts del carrer Rull, però, va fer una parada que en Silvestre no tenia identificada. Es va plantar davant d'un enderroc recent, va alçar les mans amunt i va cridar «cagundéu, cagundéu i cagundéu». Tres cops ho va fer, rematant l'acció amb una reverència mecànica. El marquès va provar de recordar què s'hi havia cuit en aquella finca, i no ho va aconseguir. Li van venir al cap les veus més remotes sobre en Cagundéu. Deien que, de molt jove, havia estat un cremacapellans, un anticlerical incendiari que s'havia salvat de la picota en perdre el seny. Aquell punt de la ruta, que mai no li havia cridat l'atenció, devia ser un antic lloc de reunió, o l'antiga casa on havien capturat algun dels seus companys. O vés a saber. No podia evocar res de concret, així que va oblidar el personatge, que ja escampava la boira, i es va centrar en l'espai que tenia al davant.

Un autèntic miracle, conjurat per la fúria atea d'en Cagundéu, els havia portat fins allà. Ja era gros, que el desencadenant de la troballa mística hagués estat la follia àcrata d'un pertorbat. Una mà invisible, que es manifestava sota formes enigmàtiques, s'havia ensenyorit del boig aquell, i els havia conduït al lloc que buscaven. I només la bruixa de la Fermina ho havia intuït. Ara una vertical terra promesa els saludava a deu passes escasses. L'indret era ideal; prou amagat per treballar-hi tranquils, prou gran per encabir-hi totes les imatges que li rondaven pel cap, i alhora prou visible per immortalitzar la seva obra gràfica.

Una tanca d'alumini protegia el solar buit, però algú havia rebentat les planxes en un extrem i s'hi podia entrar amb facilitat. Els dos nens s'hi van esmunyir sense problemes, després l'avi va aguantar la xapa perquè la Fermina hi pogués passar, i finalment s'hi va introduir ell. Un cop a dins, l'home es va aplanar l'americana i es va allisar els cabells. Va aixecar la vista i va poder contemplar la paret dels seus somnis. Una paret mitgera es dreçava sense obstacles, fins a l'alçada de quatre pisos, sense finestres ni sortints. Era un mur apedaçat pels colors de les antigues habitacions: aquí un quadrangle blau cel, allà un espai blanc, a la dreta el rastre d'una escala interior, i més amunt un paper pintat de sanefes daurades i unes ombres que recordaven quadres absents. Va badar una bona estona.

—Què —va fer la Coixa, no del tot inquisitiva.

—Redéu... —el marquès va obrir un somriure de guineu, i va sostenir la mirada a l'amiga—. Redéu, Fermina, és collonut! Ara sí que l'hem encertada, tros de meuca!

L'altra va esbossar una ganyota de satisfacció. Era mare soltera, era una prostituta en desguàs, era coixa i li faltava el do de la paraula, però no era beneita del tot. Tenia nas, i la idea de seguir el vell sonat havia donat el seu fruit. L'avi la va repassar de dalt a baix, amb una lluïssor gairebé amorosida als ulls, però no va encertar a expressar cap alegria ni cap compliment. Li va dedicar uns llavis premuts i un lleu cop de cap, i tot seguit es va extasiar amb el seu pany de paret. La superfície era prou ampla, contenia una base i un cos generosos, i al capdamunt acabava en una piràmide estroncada per un terrat. L'únic obstacle eren aquelles particions de colors, les antigues estances dels pisos que ja havien volat, però tenia solució. Un cop pintades, ja no es veurien. I segons com, va pensar, encara l'ajudarien en la composició. Perquè al davant, si no en la realitat certament en la imaginació, se li obria la planta d'un enorme retaule. Es va treure un llapis de la butxaca interior, i un sobre de propaganda institucional, i va començar a fer un esbós.

—Què fas, avi? —va demanar l'Arnau.

—Estic dibuixant això. Més tard ja ho passaré en net.

El nen se li arrapava a la jaqueta, no tant mogut per un brot de tendresa sinó usant-lo com a refugi, perquè el Moreno el perseguia amb una estaca de fusta. El marrec va salvar els embats de l'altre, amb aquelles rialles que presagien el final d'un joc, i a cada moviment estirava la roba de l'avi. El Moreno, indiferent a aquell instant memorable, esgrimia l'arma i amenaçava de trencar la solemnitat de la catarsi artística.

—Et faré volar el cap, Harry Potter —cridava l'agressor—. Ja veuràs, tio, et saltaran les ulleres!

—Voleu parar, refotuts? —va fer el marquès, sense alçar el llapis—. Tu, Fermina, emporta't aquest borinot! I tu, Arnau, vols posar seny? Que no ho veus, que estic mirant de...?

El noi de la Fermina va descarregar. L'Arnau va esquivar el cop, i la fusta va anar a petar, amb tota la força i el nervi d'un nen tabalot, contra el genoll d'en Silvestre Guillamet, marquès d'Escudellers. La figura patrícia de l'avi va trontollar, va perdre l'equilibri i el seu pes es va esfondrar damunt el propi cul: el llapis i el paper van sortir disparats enlaire, van descriure una paràbola i van caure a la closca repentinada del vell. Una cadena de renecs van subscriure la gravetat dels fets.

—Putes... Cony de bordegàs... merda!!!

Assegut a terra, el marquès va recollir el material de dibuix.

—Cagundéu! —va rematar.

La Coixa va reprimir el riure i va acostar-se al seu fill, que s'havia quedat clavat d'estupor. Li va arrencar l'estaca d'una volada i li va engegar una clatellada sonora. El noi va congestionar el gest i la mare el va abraçar pel coll, ben fort, tot rumiant si l'havia d'escanyar o de petonejar. Va mirar l'amic de cua d'ull, procurant contenir el somriure, i l'altre la va despatxar amb un espetec de dits. La dona es va emportar el nen ben agafat del coll i es va allunyar, mentre mirava enrere per assegurar-se que l'home recollia les seves coses i s'aixecava.

—Foteu el camp, abans que...

Mare i fill van esmunyir-se pel forat de la tanca. Llavors el marquès es va espolsar l'americana i va buscar el nét. Aquest el va correspondre amb la mirada esverada.

—T'has fet mal, avi?

—Hòstia divina, aquest gripau, com l'enxampi... —es va embutxacar el paper—. Au, toquem el dos. S'ha fet tard. Ja vindré més endavant, sense... sense emprenyos. Au, anem.

Van emprendre el camí de tornada a casa.

La malifeta del Moreno havia fet enrabiar el marquès. El cop de bastó i la caiguda li van fer algun blau, però no era allò el que l'enutjava. El problema era la indignitat, la pèrdua de l'elegància que significava anar per terra, a la seva edat i al seu propi territori. Per culpa, a més, d'una dona que tant li devia, o del fill bord de la dona —que per ell era, si fa no fa, el mateix—. L'Arnau havia assistit a l'escena, i allò ja era prou greu, però a més tenia la sensació, mentre remuntaven la Rambla cap a la boca del metro, que tota la ciutat ja ho sabia i l'espiava de reüll. Va entomar el vent de cara i va permetre que la brisa li dissipés el mal humor. L'Arnau va fer el possible per col·laborar-hi.

—Així que ja tenim una paret, oi? —va observar—. Que guais.

—Sí, molt guais...

—I tot gràcies a la Fermina, i a aquell home que cridava.

—El Cagundéu.

—Qui és aquell home?

—Un heroi, fillet. Un heroi disfressat de boig. La guerra fabrica gent així. La guerra...

—Tu ho vas passar molt malament, durant la guerra? Et van ferir? Per què no en parles mai, d'això?

—Per què fas tantes refotudes preguntes? Ets massa llest, tu —el vell va picar el clatell de l'Arnau, ben suau—. Els nostres tràngols només serveixen per a una cosa, fill. Només per a una de sola.

—És clar, per recordar coses.

—Què collons, recordar... Recordar és una mania dels vells. No, no, els patiments serveixen per fer la vida més bella als que vénen darrere. Només per a això. I les memòries... què vols que et digui...

Van baixar les escales del metro. A l'hora de validar el bitllet, la màquina no va funcionar. L'avi va aprofitar per barallar-se una estona amb la taquillera, que ja el coneixia i s'ho va prendre amb esportivitat. Al final van poder passar i, ja a l'andana, el nen va reprendre el fil de la conversa.

—El besavi va morir a la guerra, oi? El besavi també era un heroi?

El marquès va moure el cap en signe de desaprovació.

—El meu pare només era cartellista. Vull dir que feia dibuixos i pòsters polítics. El problema és que ho feia per al bàndol equivocat.

—Ja —el marrec va carburar un instant—. I és per això que tu no vols ensenyar les teves pintures. Perquè van matar el besavi per culpa dels seus dibuixos.

L'avi va arrufar el nas i va estirar el braç del noi.

—Au, que arriba el metro.

Van entrar al vagó, que estava prou buit, i van seure en silenci. El mal d'en Silvestre Guillamet és que havia hagut de passar, sense transició, de la infantesa a l'edat adulta. Es va salvar pels pèls de la lleva del biberó, i es va estalviar d'empunyar les armes. Però no es va salvar d'una postguerra despietada: als tretze anys havia quedat orfe de pare, i s'havia posat a treballar. Al cap de poc, se li va morir la mare. Va haver de créixer sense rumb, lluitant contra la misèria i l'abandó, robat de la jovenesa. No va tenir temps per negar l'infant que duia a dins, no es va rebel·lar contra els pares, no va tenir ocasió de distreure's, ni de formar-se, ni de viatjar. Es va fer gran de cop, i la disfressa d'adult sempre li havia vingut grossa. Sempre. Fins i tot passats els setanta.

Sort de la Mercè, és clar. La noia era veïna del barri, en algun lloc estava escrit que seria la seva muller, i així va ser. En propietat, no es van haver de conèixer mai, perquè ja es coneixien d'infància. No era gaire afavorida, la mossa, era més aviat d'aparença discreta, però tenia allò que se'n diu bellesa interior. Així que li va fer de dona, de mare i de pare: tot ho comprenia, tot ho aguantava, i tot el que tocava ho convertia en roca ferma. Li va donar un sol fill, l'Esteve, i després va patir tres parts malaguanyats que van tancar l'aixeta de la descendència. Es van conformar a malcriar una sola criatura, malgrat que tots dos eren fills únics i sabien que aquell era un perill que havien d'evitar fos com fos.

Sí, sort de la Mercè, i maleït el dia que se'n va anar. Massa d'hora, va marxar, massa d'hora. Abans de conèixer l'Arnau, va morir, i allò no tenia perdó de Déu. La Mercè va tenir temps de veure els joves amb xeringues, les prostitutes drogades, la Rambla envaïda per mil races estranyes, l'agonia del veïnat... i no va arribar a conèixer el seu nét. Pobra Mercè. Ella a l'altre barri i ell fent de galifardeu.

—Avi, com és que vesteixen d'aquella manera?

El marquès va fer un aterratge forçat.

—Què? De qui parles?

—De la Fermina i el Moreno.

—Ah.

Va repassar mentalment la roba d'aquell parell. El xandall ratat de la dona, les sabatilles esportives de sempre, els pantalons ronyosos del nen... No li cridava l'atenció, com vestien. Era cert que la Coixa, de jove, havia portat unes faldilletes ben ajustades, i al carrer feia girar la vista als homes. Amb l'edat havia caigut en picat, per fora i per dins dels vestits, certament. Però l'Arnau no l'havia conegut en els seus millors anys, i no es referia a allò. El que l'intrigava no tenia res a veure amb els cànons de bellesa.

—Quina importància té, això? No t'entenc.

L'Arnau va empassar salivera, disposat a fer una pregunta d'alta volada.

—Són pobres, oi?

—Ja. Doncs sí, i no em demanis per què ho són. Ja et veig venir, pinxo. Són pobres perquè... perquè ho són, i no cal que...

El nano encara no havia sortit de l'edat en què la pobresa captiva més que la riquesa, la fama o el sexe. Podia comprendre que algú nedés en l'abundància, ja que tothom ho perseguia, els potentats eren els protagonistes de les pel·lícules i els rics de debò ostentaven la seva condició. Però la justesa no la hi havia explicat ningú: els pobres semblaven condemnats a extingir-se, i li eren ocultats amb pertinàcia. La misèria estava prohibida, vet aquí: per això era magnètica. La misèria era furtiva i misteriosa, era un enigma tan gros com la mort. Era estranya, era injusta i era fosca. Sobretot, fosca.

—No els podem ajudar? —va implorar el noi.

—Refotut, el pinxo... Ajudar? —l'avi es va pentinar la closca amb la mà—. Ajudar, ajudar... Cony, potser sí que podem. No te'ls miris com si fossin marcians, és el millor que pots fer. Mira-te'ls com a persones, i punt.

El nét va moure el cap amunt i avall, a poc a poc, en una afirmació lenta i vacil·lant. No acabava d'entendre que mirar d'una o altra manera pogués resultar una gran ajuda, però ho faria. Ho compliria sempre que li fos possible, perquè ho deia el seu avi. Van arribar a l'estació, van davallar i es van enfilar escales amunt. Al carrer van atansar-se a la parada de l'autobús i van esperar el transport que els havia de dur encara més enllà, fins a la falda de la muntanya.

—Et fa por el meu barri? —va engegar el marquès.

—No —va proclamar l'Arnau—. Si hi anés sol sí que me'n faria, de por, perquè em podrien segrestar, i portar-me a l'Àfrica a fer de nen soldat... Però si vaig amb tu, no tinc cap por. Tu ets el marquès d'Escudellers, avi. Com puc tenir por?

—Així m'agrada, fillet. Així m'agrada.

Va arribar el bus i tots dos hi van pujar.

—Vols un got d'aigua?

La Júlia s'acostava a la quarantena amb tot l'arsenal de la seva espècie: cabells tenyits de ros, pell tosca de fumadora, lentilles blaves i arracades de disseny. El marquès va confirmar, darrere les lentilles de la seva nora, que aquella dona no podia viure sense fer el salt al seu marit, és a dir al seu fill Esteve, que era un soca consumat. Per si n'hi havia cap dubte, la samarreta ajustada de color crema i els pantalons de cuir negre acabaven de rematar la condició de la jove. Ell en sabia molt, de dones: i si bé el tren de la modernitat potser li havia passat de llarg, aquella atribució perenne que era l'olfacte encara li funcionava.

—No, gràcies —va respondre ell, amb una petita rebufada—. No vull res.

Alliberada del protocol preliminar, la Júlia es va abraonar damunt del fill. Va abraçar l'Arnau amb energia un punt desmesurada, i li va omplir la cara de petons mentre l'altre parava la galta i somreia. El noi es deixava amanyagar i callava el més obvi: que la seva mare, quan se sentia culpable, era una presa fàcil. Aquell atac químic de nicotina acomplexada era el pròleg d'una sonada victòria, i el nano ho va poder verificar quan la dona no va fer cap pregunta sobre la sortida amb l'avi Silvestre, va obrir la veda de la nevera i de la televisió, i a sobre va obsequiar el fill amb una capsa de bombons.

—T'ho he portat de París, reiet —va fer—. Ai, t'he trobat tant a faltar... Quin estrès, tu, sempre amunt i avall. Mira, saps què? Aquest cap de setmana, si vols... Bé, aquest no, que hem de pujar a Llafranc. Però l'altre, ja ho veuràs, anirem, anirem, aviam... però tu i jo sols, eh?

—Sí, mare.

L'Arnau es va emportar les xocolatines cap al sofà i va engegar el televisor. Ja n'havia sentit moltes, de declaracions d'amor matern, i les promeses de grans expedicions i de complicitats especials no l'impressionaven. Ell ja ho sabia, que no aniria enlloc amb la seva mare, perquè la mare feia de relacions públiques d'una empresa, i és clar, no podia complir ni horaris ni formalitats. A canvi, val a dir, li regalava una muntanya de remordiments i el malcriava amb intensitat.

—Passa, Silvestre, passa —la Júlia va convidar el sogre—. Segur que no vols beure res, ni tan sols...? No?

L'avi va fer un gest de negació amb el cap, i després va observar la seva filla política. Va fer una ganyota que hauria estat prou clara per a qualsevol que la volgués entendre: s'estava preguntant qui devia ser el ximple que es tirava aquella femella, tan ben envasada però tan buida. Ella no va interpretar bé la ganyota i es va avançar amb un somriure tibat.

—L'Esteve sortirà ara mateix. Està treballant al despatxet.

El despatxet era el refugi del cap de família. No estava clar que hi fes gaire res, allà dins, més enllà de tancar-se. Allà no hi havia fill, ni dona díscola, ni família per encapçalar. Allà podia fugir del fum del tabac i ser ell mateix, ser el que era: un alt funcionari sense misteri, esquerranós per fora i dretà per dins, castigat per una vida molt més avorrida del que mai no hauria imaginat. Allà era indiferent si la formació del nen no era l'adequada, si sentia vergonya del pare i dels orígens, si no l'apreciaven prou a la feina i al partit, si acumulava prou triennis o si no apareixia tant com calia als diaris. Allà era lliure de ser tan mediocre com volgués.

L'home devia sentir l'arribada de son pare, perquè va emergir amb la corbata groga i la camisa lila, sens dubte apurant el sentit del deure filial, i va saludar en Silvestre amb una breu mirada. No es van tocar.

—Hola, pare —va fer l'Esteve—. Ja heu arribat?

—A tu què et sembla —va respondre l'altre, tot afegint un renec inaudible.

—On heu anat?

El marquès va emparar-se en el silenci, cedint el protagonisme als esgarips que provenien del televisor. Va repassar la figura del seu fill, i es va meravellar altra vegada dels tombs que feia la vida. Aquell era el cadellet que havia sostingut en els seus braços, el mocós que entre la Mercè i ell havien mirat de pujar. Aquelles mans fines i caigudes eren les que ells havien procurat, amb totes les forces, que no haguessin de picar pedra o de tocar greixos. Ho havien aconseguit, però no era clar si havia pagat la pena.

Sovint pensava, en Silvestre Guillamet, que hauria preferit el jove de vint anys enrere, amb els cabells llargs, d'aspecte sempre emporrat, i que jugava a fer el bohemi, quan allò encara s'estilava. Com a mínim, aquell jove encara vivia al barri antic, en una mansarda pudenta on hi entraven i en sortien totes les pintes de l'època. Fins que havia arribat la Júlia, amb la seva flor falsa als cabells i les seves avarques, i havien emigrat amunt. L'Esteve havia canviat d'aspecte, fins a convertir-se en el pallasso ensopit que era. Després havia mort la Mercè, havia nascut l'Arnau, i a ell també se l'havien emportat amunt. I d'aquella manera havien renegat i havien trencat amb uns quants segles de fidelitat a la gent de sempre i a les pedres antigues.

—Podem seure una estona? —va dir el marquès, i va encaminar-se a la sala, donant-ho per fet.

—Psssí —va dir el fill, i va mirar la dona amb estranyesa. No solien fer gaire conversa amb el vell.

Van seure al sofà, i en Silvestre va xuclar pel nas.

—Bé, això, una cosa...

Els altres tres l'escoltaven amb atenció. L'Arnau seia tot desmanegat en un extrem, la capsa de xocolatines a les cames; la mare s'havia acomodat al seu costat, i l'Esteve havia ocupat una butaca a l'altra punta. El televisor continuava engegat, i l'avi va haver d'aixecar la veu per fer-se sentir. S'acostava l'aniversari del nano, va dir, i deu anys eren deu anys, no es feien cada dia. Home, faltava encara un temps, però tampoc tant. Havia pensat, bé, havia decidit, o mig decidit, que li faria un regal molt especial. Volia que els pares ho sabessin, perquè no tenia sentit amagar-ho, i és clar, si el podien ajudar en alguna cosa, doncs de fet millor, perquè...

—Quina una et ronda pel cap? —va interrompre l'Esteve.

—Una pintura —va engegar l'Arnau—. Un mural enorme, al carrer, perquè el pugui veure tothom.

L'avi va intentar llimar la declaració del nen, i esbossar una mica millor la idea. Però no se'n va sortir, perquè ell no en sabia, de donar explicacions. I a més, tenia aquell hàbit malaltís de no rematar mai les frases. La veu se li anava apagant, a mesura que veia les cares d'estupor de la parella. La Júlia alçava les celles i premia els llavis; l'Esteve parpellejava i se li envermellia el coll com un pollastre, fins al punt que va haver d'afluixar-se la corbata. L'home de la casa es va gratar el cap, va sospirar i es va tornar a gratar el cap. Va parlar amb el cap baix.

—Una intervenció en el paisatge urbà —va murmurar— no és cosa de nens.

—Com dius?

L'avi no l'havia sentit, sortosament, perquè els xiscles dels dibuixos animats trepitjaven la conversa.

—I dius que t'hem d'ajudar? —va intervenir la mare—. No acabo de veure què podem fer... Vols el nostre consentiment?

—Consentiment? —el marquès va arrufar el nas—. No, per Déu, estic parlant de peles.

—Ja —el seu fill va fer petar la llengua—. Ens encantaria, però ja saps que encara estem pagant els pisos, i l'escola del nano... Oi que m'entens?

—Ja hi som. La puta escola.

L'Arnau va deixar escapar una rialla, però als pares no els va fer cap gràcia el comentari. El marquès va mirar de reconduir la negociació.

—Mira, Esteve, tu coneixes gent. Treballes a l'administració. Teniu diners, feu campanyes, us ocupeu de canviar els carrers de la ciutat. Ajudeu qualsevol penjat que es vulgui pintar la casa... Ara et demano un cop de mà, i és per fer content el teu fill... Merda, me cago en l'hòstia, si doneu subvencions als moros per... per tirar-se un pet!

—Ei...! —va fer el polític.

—D'acord, ho sento. Ho retiro. Però coi, Esteve, que el pinxo farà deu anys...

El deure de pare i l'amor a la burocràcia es debatien en l'interior de l'Esteve Guillamet. Era una lluita aferrissada, que va portar a una rebufada plena de paciència. L'home començava a entreveure una solució de compromís, però aclaria el camí a poc a poc, a ritme de funció pública.

—Tot *u* que són diners públics demana uns procediments —va sentenciar—. Em vinc a referir que hi ha unes normes, uns pressupostos, uns epígrafs... Saps què vull dir?

—Que no hi ha pasta —va engegar el nen, i tot d'una va haver d'empassar-se un bombó, per escapar de la llambregada fulminant de son pare.

—Doncs no veig per on vas —va confessar el marquès, que es va mig incorporar i va parar l'orella amb la mà—. És que amb la tele engegada, tampoc no hi sento gaire...

—Mira pare, tenim uns programes pilot —va alçar la veu, ja més segur d'ell mateix—; una línia de projectes multiculturals, adreçats a la integració de tot *u* que són minories ètniques a Ciutat Vella. Hi podríem fer participar una ONG, oi que m'entens? Intentem colar-ho per benestar o per quart món. I si l'avaluació és positiva, doncs podrem buscar finançament!

Quan va haver pronunciat la paraula *finançament*, l'Esteve va quedar-se descansat. Havia arribat a la paraula màgica, la fórmula que obria les portes del cel. Son pare no va compartir la satisfacció, però. Només havia pescat la meitat del discurs, i amb aquella meitat ja en tenia prou.

—Ufff. Redéu —va exclamar el vell—. Vejam. Et demano misses i em dónes sermons. Que no em mamo el dit, home. No te'n recordes, que sóc el teu pare? I que quan no aixecaves dos pams de terra, jo ja...?

—Tampoc no cal que et posis així, Silvestre —va intervenir la nora—. Ja ho saps, pel nen farem el que calgui.

A veure —va adoptar un to pedagògic—, on diu que la vols fer, aquesta intervenció?

—Res d'intervencions. És un mural. I el vull fer a prop de casa. Ja tinc el mur triat. A prop de la Rambla, vull dir.

—Ah —va fer la jove—. Quina Rambla, la de Catalunya?

De totes les ofenses que s'haurien pogut proferir contra el marquès d'Escudellers, de totes les ignomínies imaginables i injúries feridores, aquella era la pitjor. Era la pitjor de llarg, perquè ignorava segles d'història i, sobretot, esborrava de cop el tresor humà més gros de la ciutat. La Rambla era la Rambla, per l'amor de Déu, la dels rius de gent i de la Monyos i de les floristes i dels pintors i dels revolucionaris i dels clubs nocturns. Era la Rambla del marquès, era el seu marquesat, era la seva vida i el seu amor. L'avi es va pentinar els cabells amb una mà tremolosa i es va obrir el mocador del coll.

—Podeu apagar aquest cony de televisor?

La Júlia va prémer els llavis, es va aixecar i va anar a trobar el seu paquet de tabac. Va encendre una cigarreta amb dificultat, va deixar el paquet i va mirar l'Arnau. El noi es va encongir d'espatlles, i llavors la seva mare va buscar el comandament i va apagar l'aparell. Va mirar-se el vell, la cigarreta fumejant en una mà i el control en l'altra.

—No cal que ens tractis així, Silvestre. Som la teva família.

—Precisament, nena, precisament. No hem de fer miraments, ni reverències. Tu fumes i fots el que et dóna la gana, a casa i fora de casa. Doncs jo dic el que em peta, i me la bufa el que pensis. Hi ha confiança o no? Que no es pot parlar, aquí? Que mana la televisió, potser?

La Júlia va agafar el tabac, va estirar el seu fill del sofà i va deixar caure el comandament del televisor. Es va girar i, d'una revolada, va desaparèixer de la sala amb el nen. Els dos Guillamets es van quedar sols, en silenci: el jove amb els ulls clavats a terra, el gran respirant amb pesantor.

De la conversa que va seguir entre pare i fill se'n podrien presentar dues versions. L'una, que havia estat lamentable, i que havia confirmat l'estupidesa que pot arribar a germinar en un descendent, a partir de la pròpia llavor. L'altra, que havia anat prou bé, perquè el vell havia entès que les coses no es podien fer de qualsevol manera. Segons aquesta segona font, la de l'Esteve, els crits que es van sentir no van acompanyar una disputa, sinó l'afirmació de dues posicions. Tot havia obeït al to d'un intercanvi normal, normal si es tenia en compte la naturalesa sanguínia de l'avi Silvestre, i havia acabat amb l'acord que no començarien a moure res fins que els papers no estiguessin en regla, i presentats a la finestreta corresponent. I és rigorosament cert, de fet, que les desavinences van arrencar amb un intent d'aproximació.

—Mira, pare —va dir l'Esteve, sense alçar els ulls de terra—; hem de trobar un model de cogestió.

—No diguis collonades —va fulminar l'avi—. Tu el que has de fer és beure més vi, cardar amb la dona i tornar aviat a casa. Has de menjar i dormir com un lleó. I a mi deixa'm fer, deixa que faci feliç el nano, deixa'm viure i deixa que em mori tranquil quan arribi l'hora. Que no ho veus, com t'estàs tornant? T'estàs tornant un, un, un... bah!

L'altre va sospirar a fons i va fer un signe de negació amb el cap. Volia tenir raó, necessitava la seva raó, perquè la veritat era massa visceral. Ell no tenia estómac per admetre que el marquès deia veritats, veritats tan grosses com un bon parell de pebrots.

—M'estic referint... —va fer el més jove, contingut—. Coi, que m'escoltis, home! Dilluns tenim un brainstorming a la feina, el *Thing* tank de les dotze. Ho puc plantejar, i segur que surt alguna proposta interactiva, alguna iniciativa transversal...

—No siguis carallot, fill. Tu troba les misses i no t'empatollis més, que jo m'ocuparé de fer content el noi.

La capacitat que tenia l'Esteve per creure's les paraules buides, un cop les pronunciava, era cosa d'antologia. El marquès va recordar aquella ocasió, quan el fill encara era universitari, en què s'havia afegit a un grup de pollosos del barri. Volien salvar les cases enfront de la parròquia de la Mercè: que si el mestre Picasso havia viscut allà, deien, o que si hi havia un palau molt antic que valia el seu pes en or. Acusaven el rector de la basílica de carca i d'especulador perquè, protestaven, el que de debò pretenia el mossèn era obrir un aparcament allà davant, una esplanada on els burgesos dels casoris hi poguessin deixar els seus vehicles.

Uns anys més tard, quan l'Esteve i els seus grenyuts van ocupar els despatxos del consistori, el primer que van fer va ser retallar-se les barbes. I el segon, encara amb la loció fresca a les galtes, va ser enderrocar aquelles cases que tant havien defensat. De sobte, els palaus s'havien convertit en barraques infectes, el capellà trabucaire era un gran visionari, i el delicte urbanístic era ja una acció d'esponjament. I de totes les conversions admirables que es van veure, la més radical va ser la del fill. La mateixa convicció cega que havia gastat en reivindicar un dubtós patrimoni, la va posar després en abanderar aquella modernitat que escombrava les runes d'un passat fètid. I el pitjor era que s'ho creia de debò, tant allò que havia defensat primer com el que va reclamar després. Tenia una habilitat inesgotable d'enganyarse ell mateix.

—Ens en sortirem si ho fem bé —va dir—. Ja ho veuràs, pare. Però no comencem a fer el boig. Entens *u* que t'estic dient?

—Doncs no, no t'entenc. Segur que no t'entens ni tu mateix.

L'Esteve va fer un penúltim intent.

—I si els propietaris del mur protesten? Diran, amb tota la raó, que allò és casa seva, i si no tenim els papers en regla...

—Els veïns me'ls deixes a mi, d'acord?

—Allò ja no és el barri d'abans, pare —va mirar-lo a la cara—. I si surt un ciutadà musulmà i diu que li estàs dibuixant signes cristians a casa? Aquell barri és molt complex, home, i cal desplegar accions...

Ja feia estona que el marquès havia esgotat la poca paciència que gastava.

—Ni ciutadans ni polles en vinagre! —va cridar—. Aviam si ara em donaràs lliçons sobre el meu barri! No m'ho puc creure, això sí que té gràcia... Complex, diu! Què refotre vols dir, amb això? Complex, diu...

Per algun motiu, al vell li va venir al cap la imatge del seu fill, uns anys enrere, alterat perquè una gitana havia tocat la seva dona. L'Esteve havia arribat a cridar la guàrdia urbana, i mentre la Júlia es tocava la roba i s'ensumava les mans, el seu marit reclamava al policia que s'endugués aquella dona. Entre el marquès i l'agent, que eren coneguts de caserna, van provar de convèncer l'Esteve que la gitana no havia fet res, només havia tocat la jove amb les mans. Aquell dia, el marquès va adonar-se que l'odi del seu fill cap a la pobresa era molt profund, que s'esverava només d'ensumar la misèria. Potser volia dir allò, quan deia que el barri era molt complex. Que ja no suportava aquella banda de la ciutat.

—Calma't, pare —va tornar a abaixar els ulls—. Mirem de resoldre això de forma civilitzada. *U* que vull evitar és que generis frustració en l'Arnau, té un perfil molt sensible, el noi.

—Ja estic calmat, pallús. I el frustrat ets tu, no pas el pinxo.

El fill tenia més paciència que el pare, en això sí que es notava una millora en l'evolució de la raça. Però no tenia una paciència infinita.

—No li diguis pinxo, saps que no li agrada a la Júlia —l'home va elevar el to de veu—. Tens el cap ple de pardals, pare. Sempre l'hi has tingut, i sempre l'hi tindràs. I mai no acabes res del que fas. Quan has acabat res, eh? Digues, quan? De totes les idees genials que has tingut, quantes?

El marquès es va aixecar, va retocar-se el mocador i va emprendre el camí de la porta.

—Tens raó, fill. No puc acabar res del que començo. Tu n'ets la prova vivent.

Va obrir la porta, va sortir al replà i va començar a baixar a peu. El fill el va seguir fins al replà, i li anava cridant coses per l'ull de l'escala.

—Et prohibeixo que ensarronis el nano, sents? S'ha acabat, estàs com un llum, em sents? —es va produir un breu silenci, i el to va baixar sensiblement—. Espera que tinguem els papers, home! Confia en mi, vols? Pare, torna, i parlem-ne, coi, torna amunt!

En Silvestre Guillamet era tossut, i no pensava tornar amunt. En Silvestre era tossut, estava suant i estava cansat. I el costat esquerre del pit li feia mal, i estava molt enutjat.

—No penso tornar! —va cridar des de la planta baixa—. I digues a la teva dona que... que els gots d'aigua se'ls foti al cul!

Es van sentir dos cops de porta, primer l'un arran de carrer i després l'altre al replà.

El marquès va trigar a tornar al seu pis. Primer, perquè ell residia massa a prop del seu fill; i segon, perquè el cos li demanava aire fresc. Va caminar un carrer i mig, i es va sentir tan exhaust que va haver de seure en un banc públic. No parava de palpar-se el braç i el pit esquerre, que per algun motiu s'estaven fent pesats. El cap li rodava, i arribava a tastar la suor, amb gust de gomina, que li queia ben bé fins a la comissura dels llavis. Allò era un avís, va pensar. Es va deslligar el mocador del coll. Allò era un avís del temps que li restava, un avís del poc temps que tenia. I el tifa del seu fill, tifa i calçasses, que només sabia posar-li pals a les rodes.

Mentre empassava tot l'aire que li cabia a la boca, el fantasma de l'Esteve li rondava el pensament. Es preguntava per què sempre havien estat com gat i gos. Potser a causa de la poca distància, distància física, que havien mantingut. De tant fregar-se, s'havien acabat esgarrapant. O potser per allò que es va esdevenir amb la Mercè, quan va passar a millor vida, i que l'havia convertit a ell en culpable. Els fills solen culpar els pares de tot el que passa amb les mares, va dirse per dins. O vés a saber; el seu fill era un amargat, i en moltes coses era més vell que ell mateix. Doncs ja se'n podia anar a pasturar, va dir fluixet el marquès: ja se'n podia anar a pasturar, va repetir una vegada i una altra, fins que el dolor del costat li va tornar amb una fiblada.

En Silvestre Guillamet havia viscut prou, i sempre havia viscut a l'empara de la sinceritat. Això no s'ho deia per dins, però era cert. Sempre havia dit el que pensava, però mai el que sentia. Qualsevol que els observés amb atenció, pare i fill, hauria caigut en l'obvietat: el problema de debò era que el marquès no havia dit al seu fill el que sentia. Mai no havia informat el fill que l'irritava perquè l'estimava, i que quan s'emprenyava, encara l'estimava més, perquè el seu afecte ja havia arribat a basar-se en la irritació. Allò, que era tan clar per al primer que els estudiés de prop, ni l'un ni l'altre no ho haurien admès mai. Tots dos s'havien blindat amb el temps, i res no els faria estovar l'ànim.

Al marquès d'Escudellers li pesava el cor, li pesaven els anys i li pesava la solitud. Al barri no li discutien l'autoritat, però cada dia l'ignoraven més. S'enrabiava amb els amics, els pocs que encara mereixien aquest nom, i s'allunyava del fill. La dona l'havia deixat i les altres dones també. L'Arnau no l'havia abandonat, però no comptava, era un nen, era una altra cosa. Si es parava a pensar-hi, el seu únic baluard era una prostituta coixa. Només li quedava una sola fidelitat adulta, una puta fidelitat que el feia somriure i que alhora l'entristia. Que la Fermina fos tot el seu suport el feia encara més solitari, i per tant enfortia la seva determinació. Pintaria el maleït mural, i tant que ho faria. Havia de deixar una marca al món i al barri, amb la fràgil ajuda de la Coixa. Oh i tant, que ho faria.

A poc a poc, va recuperar l'alè. El mal li baixava pel braç, fins als dits, i anava fugint com si fos un guant. La Fermina li devia molt, n'estava convençut. Feia anys, quan la noia era presa de la droga i ell encara patrullava els carrers, l'havia salvat d'una de bona. Un client havia amenaçat de mort la Coixa i la perseguia per les cantonades. L'home s'exclamava que la Fermina li havia encomanat el mal, que aquella meuca podrida li havia passat la pitjor de les malalties. El marquès va mirar la fitxa de l'energumen i va adonar-se que era perillós de debò. El personatge havia sortit de la presó després de complir una bona condemna: es veu que l'havien tancat per matar la dona, esquarterar-la i repartir-ne tots els bocins pel pis. Val a dir que n'havien trobat tots els trossos llevat del cap de la pobra esposa. L'agent Guillamet es va proposar aturar aquell boig.

Un bon dia, el van avisar que el sonat rondava la noia. Uns col·legues de paisà havien vist el pollastre amb una navalla de dos pams, tot exclamant que obriria la Fermina en canal. Ell el va encalçar i el va aturar, a punta de pistola, quan l'home ja havia arraconat la dona en un carreró. El pertorbat va arrencar a córrer, va sortir a la Rambla i va trencar a mà esquerra, per amagar-se al Museu de Cera. De seguida van acordonar la zona i van ficar-se a l'edifici. Amb l'ajuda del vigilant, van escorcollar totes les sales. Van regirar el museu de dalt a baix, van veure reis decapitats i actrius de cinema amputades, però no van localitzar l'intrús. Fins a tres o quatre vegades, van repassar les escenes tètriques de l'exposició. Quan ja eren a punt de deixar-ho córrer, van sentir un grinyol a la sala de les monarquies. Allà van trobar l'agressor, disfressat de Felip V.

El subjecte es va lliurar sense oposar resistència, i des d'aquell dia la Fermina va viure més tranquil·la. Li havien salvat la pell, sobretot, gràcies a la perseverança del marquès d'Escudellers. Des d'aquell dia, entre la puta i el policia s'havia teixit una complicitat de ferro, i cap dels dos ho oblidaria mai. D'allò ja feia una pila d'anys, però potser havia arribat l'hora de restituir el favor. Ara era el vell el que es trobava en un mal pas. Estava sol, tenia un somni i ningú no el volia ajudar. El marquès tenia fusta de combatent, perquè l'acompanyava la més forta de les abnegacions. Però l'heroi del moment necessitava la seva noia, encara que fos esguerrada i poca cosa. Encara que fos la Fermina la Coixa, que tant li devia. Fins i tot la coixesa, li devia. Perquè si no hagués estat per ell, la Coixa no hauria estat mai coixa.

## Ahmed el moro

La Fermina era pobra, i ho era molt. Era tan pobra que no tenia res, ni un miserable somni. Al llarg dels anys, els homes, el fill i un mal bitxo l'havien xuclat fins als ossos. Era pobra de solemnitat, i encara així era la persona que més podia donar-li, al marquès. Ell sabia que aquella pobresa còmplice era l'única esperança que encara tenia, i s'hi va aferrar amb determinació. La va seguir com el cec segueix el seu bastó, i amb ella es va endinsar pels carrers del Xino, deixant-se portar cap a un lloc desconegut, obeint una missió incerta. Ella marcava el pas, un pas maldestre i ortopèdic, més aviat un pas i mig, però tanmateix el marcava.

Feia temps que el marquès no travessava la Rambla i entrava al barri que tothom anomenava el Xino; tothom llevat del seu fill Esteve i quatre més, que s'entestaven a dirne Raval sud, com si es tractés d'una sortida d'autopista. Quina llauna, l'Esteve. Havia fumat tants porros de jove que s'havia tornat un purità i un sectari. El propi fill volia prohibir-li el seu mural, el seu nét, el seu Xino. Cony de Raval sud. En el fons, va pensar, la hi portava fluixa. Mai no havia estat sant de la seva devoció, aquella banda de la ciutat. Es van introduir per l'Arc del Teatre, que sens dubte tenia el seu misteri, ja que si Escudellers era una vagina, allò era el forat del cul. Era estret, fosc, pixat i cagat, i conduïa a les fragàncies més avinagrades de Barcelona.

A l'altura de l'antic bordell de Madame Petit, en Silvestre Guillamet va badar una boca com un cràter. I el forat que va exhibir a la dentadura esquerra inferior no tenia res a veure amb l'enorme queixal que li havien arrencat en aquell carrer. No podia ser, havien enderrocat l'edifici. Ell recordava el saló amb les pintures eròtiques, les llotges protegides per gelosies, les demostracions amb animals, els llits rodons de les orgies, les disfresses d'odalisca i de faraona... Un cop fins i tot hi havia entrat d'uniforme, perquè s'havia rebut una denúncia de necrofília, però no havia trobat el cos del fúnebre delicte. Sí que havia vist les cabretes que servien el polvo amb àngelus, les que entraven en el moment just i començaven a llepar allò que ballava. Tot plegat ja no era més que un munt de runa. En la seva època, calia reconèixer que les pestilències de la zona havien tingut l'atractiu del vici. Però el vici també es moria.

—Que la vols pintar aquí, la teva sobretaula? —va interrompre la Fermina.

—No fotis, noia, el meu retaule al Xino no. De cap manera.

—Doncs de què sospires, ara?

—Del pas del temps, noia... —va rondinar ell—, del pas del temps. Per cert, on carai em portes?

—Ja ho veuràs, si no em distreus més.

La dona el va estirar, tot ranquejant, i al cap de poc ell la va tornar a frenar perquè havien arribat a un altre misteri del Viacrucis. El marquès va empassar saliva i es va aplanar els cabells amb la mà.

—Mira, veus això? —va fer un gest indefinit al davant, allà on hi havia uns blocs moderns.

—Miro, però no veig.

—Aquí em vaig convertir en marquès.

Allò havia estat l'Arc d'en Cirés, va dir en Silvestre. Tot el que havien caminat des de la Rambla fins allà, i encara més lluny, fins al carrer Cid, tot allò havia estat un gran basar, comprimit entre façanes. Cap allà, les subhastes de peix; més enllà, els rellotges, i el tabac americà, després el tabac local, i al final, els encants dels burillaires, els més tronats de tots. A la tarda no s'hi podia ni passar, ple com estava de lladres i víctimes, d'estafadors i estafats. Hi havia unes galeries on es trobaven cartilles de racionament, carnets de tota mena i algun títol de marquès. Com ara el seu.

Més avall, l'escola de lladres de l'Adrogueret, que ensenyava a robar amb maniquins equipats de campanetes. Els policies ho permetien, perquè aleshores l'autoritat encara distingia els criminals dels tramposos. Era una llàstima que aquella distinció, va dir el marquès, s'hagués deixat de practicar. Sense la trampa, va proclamar, la llei no tenia sentit, perquè la trampa i la llei s'explicaven i es necessitaven l'una a l'altra. Si la llei era el que feia dormir tranquils els rics, va sentenciar, la trampa era el que feia feliços els pobres.

—Sí, marquès —va assentir ella, que no coneixia l'època gloriosa de l'altre, i que prou feina tenia a conèixer les estretors d'ara, d'abans i de sempre.

—Al cinquanta-sis van provar de matar-ho tot. Van pensar que amb un cop de decret fotrien enlaire el paradís del pecat i de la trampa. D'un dia per l'altre van abolir la prostitució. Colló, com si es pogués esborrar la condició humana, així, d'un cop de ploma...

—Quan els polítics es posen a pensar, tots ens posem a tremolar —va sentenciar la dona—; i quan es posen a manar, més val fugir.

—Va ser una puta pena —va continuar ell—... mai tan ben dit. Amb la meva patrulla, vam tancar sis o set cases; i a tot el barri, se'n van precintar més de cent cinquanta. Cent cinquanta! Quina bestiesa... jo vaig veure noies plorant, noies de tretze anys que es quedaven al carrer. La pintura dels ulls se'ls desfeia i els regalimava galtes avall... Recordo un nano, un xapero, que em va ensenyar el pardal, i cridava que abans se'l feia tallar que no pas... En fi. Què hi vols fer, tothom va començar a fer la viu-viu. Molts es van passar a la banda d'Escudellers, perquè sabien que allò d'allà no ho mataria ni Déu. Que si cambreres, que si clubs clandestins, que si barres americanes... I els lladres continuaven sent lladres, i els xulos, que no sabien fer altra cosa...

—Farem tard, marquès.

—... els molt brètols no van quedar servits, no et creguis. Van decidir que amb la llei no en tenien prou, i van tenir la pensada de matar els carrers. Si no hi havia carrers, ni cantonades, és clar, no hi hauria vida. I au, fora! Fora l'Arc d'en Cirés, fora el mercat, fora tothom. Aquí un gratacel, allà un arbret per fer pixar els gossos... Quina pena.

—És el progressisme, què hi vols fer.

L'home va mirar al seu voltant. El progrés. Cases sense balcons, com castrades, nòrdics despentinats amb bicicleta i cotxes mal aparcats. A la cantonada, tres homes amb birret i la camisa fora dels pantalons. A la plaça, uns patinadors joves que ensenyaven els calçotets, i unes nenes que menjaven pipes i mostraven el melic. Allò era el progrés. Gent que no sabia apreciar un bon estofat, un jovent que no havia après ni a vestir-se ni a despullar-se com Déu mana. Van enfilar la Rambla del Raval. Tios que no s'havien posat sabates en sa vida. Vambes i xancletes. Allò era el futur.

—Aviat em quedaré sense ciutat —va lamentar.

—Ets un cas —va protestar la Coixa, i es va aturar davant d'una porta—. Mira, ja hi som.

El marquès s'anava sulfurant per moments. El mal geni se li coneixia al coll, que s'encenia fins a arribar al roig semàfor i se li tibava com el cordam d'un veler. Qualsevol hauria jurat que, sense la faixa protectora del mocador, aquella columna de nervi podia rebentar i esclatar en mil bocins.

—M'has enganyat, Fermina.

Estaven asseguts al sofà, a quatre pams l'un de l'altre, tot ignorant-se les mirades. L'home passejava la vista per la sala, i a cada minúcia li pujaven unes basques intenses. En un prestatge hi havia una col·lecció de retrats, on hi apareixia sempre una família de somriure dentífric i bigotis estrangers: el pare, però també els nens i la mare, lluïen amb evident orgull tots els pèls amb què la naturalesa els havia obsequiat. Els rostres eren grassonets i lleugerament bruns. La rodonesa d'aquelles estampes s'enriquia amb dos llums de plàstic groc, en forma de magrana, que escortaven les fotos. L'home de les imatges no li era desconegut, ben al contrari. I la dona i els marrecs devien ser els que els havien atès en entrar.

Les lleixes estaven presidides, al capdamunt, per un marc de purpurina que contenia unes lletres dansaires en àrab. En Silvestre Guillamet no sabia llegir allò, ni ganes, perquè tot aquell dauradet li feia olor de terrorisme suïcida. I no es deixava ensarronar per les imitacions de Lladró, ni per l'aparell enorme de televisió, ni pels quadres de flors que decoraven la sala. La Coixa l'havia portat al cau de les feres. Es va aixecar, va rondinar que el plàstic del sofà li feia suar les natges, va renegar i va atansar-se a la finestra. Allà a baix hi havia la Rambla del Raval, densament poblada de túniques clares. Eren a tot arreu. Va tornar a seure i va allunyar el got que li havien posat al davant. Aquella mena de grosella tenia el color, i segurament el gust, del plàstic reescalfat.

—Posats a fer, m'estimo més fer tractes amb el meu fill, francament.

—No t'embalis —va replicar ella—. Aviam què...

—Aviam res —va tallar el vell—. Aquesta gent no es moren de gana, diguin el que diguin. Segur que es dediquen a robar; no veus la tele que tenen? El meu fill és un llufa, però el bordegàs aquest... Recony, que no recordes el que et va fer?

—Bé, és un polígon. Li agrada tenir dones; en té aquí, i al seu país, i a tot arreu. I tens raó, quartos no n'hi falten. T'interessa parlar amb ell, creu-me.

—Mira, jo me'n vaig d'aquí, tu...

L'aparició de l'amo de la casa el va deixar glaçat, amb el cul a tres dits del sofà. En semblant posició, d'una indignitat manifesta, gairebé podem dir que va encaixar la mà de l'amfitrió, tot amanint-ho amb la boca entreoberta i el nas arrufat. El moro ha canviat molt, va pensar el marquès. Era el mateix que ell havia conegut, però endurit. Abans era com l'Omar Shariff en lleig, i havia passat a ser l'Omar Shariff en lleig i agrejat i barbut. Encara duia la perruca esclafada al cap, i les dents de cavall entre els llavis. Però el posat era més ferotge; uns pèls grisos, que devien punxar com agulles de cap, li cobrien des dels pòmuls fins al coll ratat de la camisa. Una corbata verda relligava i tancava aquella plantació d'estaques.

—Hola —va fer el barbut, més amb la mirada que amb la veu. Atacava amb un ull de glaç, mentre l'altre ull ballava; devia servir-se d'un ull per comptar bitllets, i de l'altre per repassar les dones.

—L'Ahmed —va indicar la dona—, i el marquès d'Escudellers. Ja us coneixeu.

—Doncs sí. Al-Marquix. És clar que ens coneixem —va respondre l'un en castellà tancat.

—Per sort o per desgràcia —va afegir l'altre en català.

Anys enrere, l'Ahmed havia aterrat a Barcelona sense família. De seguida s'havia fet un forat amb un negoci d'alimentació, que havia ampliat amb uns locutoris telefònics i una empresa de construcció. Però el marquès, aleshores representant de l'autoritat i l'ordre, s'havia fixat més aviat en la seva funció de macarró en ascens. Era taxista de noies, com aleshores s'estilava dir —alguns fins i tot eren taxistes de debò—, havia muntat un *peep show* i havia caçat la Fermina al vol. El marquès havia alertat la Coixa d'una relació tan tèrbola, sobretot des del dia que va sospitar que el mahometà estava relacionat amb el defenestrament d'un paisà al passatge de la Pau.

No ho havia pogut demostrar mai, però encara creia que l'assassinat arrencava de la trama pakistanesa, la màfia de la plaça Reial que havia portat heroïna adulterada i havia segat la vida a centenars de ionquis joves. Aquella còpia lletja de l'Omar Shariff hi havia d'estar al darrere, presumia, perquè amb aquella cara de mala peça ho havia d'estar a la força. La Fermina va ignorar els seus advertiments, fins que va passar-li allò de la cama i es va haver de retirar. I el bergant, pel que es veu, havia fet venir una dona i uns fills del seu país, i s'havia servit del mal gust per decorar una casa i formar una llar respectable.

El pare de família va prendre seient en una butaca i es va treure les xancletes.

—Com està la seva família, al-Marquix?

—Estupenda, gràcies.

La dona feia temps que criava malves, va pensar el vell. El fill era un cretí i no li deixava veure el nét, que era el millor que tenia al món. Què recollons li importava a aquell ronyós la seva família? Va interrogar la companya de sofà amb les celles alçades. L'altra va arronsar les espatlles i va convidar-lo a seguir el joc. Les coses es feien d'aquella manera, li estava dient.

—Els meus fills, tots sans i eixerits —va destacar l'Ahmed sense encomanar-se a ningú—. Doncs sí. Des que corren per aquí, s'han tornat creients i tot! A Karachi, només volien guanyar diners, però a Europa... Aquí el treball ja no és tan important, però en canvi ja no pertanys enlloc, i vols escoltar per dins les paraules del profeta.

—Ja —el marquès es va aclarir la veu.

Bon profeta estàs tu fet, va estar temptat de dir, ja es veu que t'has passat la vida pregant al cel. El Bin Laden de les xeringues i els condons.

—Doncs sí, Pakistan —va sospirar—... que ràpid s'oblida.

—Aquí estan, ja ho sé.

—No, no —va corregir-lo—, el Pakistan. Pa-kis-tan.

El castellà poc vocàlic del foraster i el català trabucat de l'aborigen no ajudaven en la conversa. L'autòcton no baixava del burro, en aquest cas concret sense ànim de portar la contrària. Des de sempre havia enraonat amb tothom en la llengua pròpia, i més o menys s'havia fet entendre. Fins i tot en els anys més durs de la dictadura, al cos municipal de policia, no havia parlat cap altra llengua, igual que sempre ho havia escrit tot en un castellà infame. Havia crescut amb les seves rareses i havia de morir amb les seves rareses. Amb els nouvinguts feia com sant Vicenç Ferrer, que va predicar des d'Anglaterra fins a Portugal en la vernacla parla, sense deixar d'obrar miracles. Cada dia trobava més cares d'estupor, és clar, tal com mudaven els temps, però se'n sortia. La gent ja ho sabia, que això del català era cosa de vells.

Si algú retreia la seva obstinació lingüística, l'home recorria a la memòria de la Conxita la Catalana. Aquella empordanesa grassa i menuda, equipada amb un bastó i ulleres de cul de got, era vídua d'un anarquista mort a l'Ebre. Passada la guerra, feia guàrdia a l'entrada de la Boqueria sota el pretext de vendre números de loteria. Renegava a tort i a dret, i si algú es despenjava amb ofenses als catalans, ella crac!, bastonada a les costelles. Un dia, el marquès havia hagut de salvar tot un senyor comissari de la seva fúria. L'única desavinença amb la Conxita, i motiu de llargues disputes, era l'odi que l'amazona professava contra Barcelona. «Aquesta ciutat ja no és nostra», deia, «ens l'han ocupada; i jo m'hi cago». Però en qualsevol altre domini de l'amor propi, la Catalana era un model i una institució per a l'aleshores jove agent. I si ella s'havia mantingut incòlume en els tenebrosos quaranta, què el privava a ell de fer-ho en el lluminós segle XXI?

Ni el moro Musa en persona no el faria canviar d'actitud, per descomptat. En Silvestre Guillamet no s'ho va repetir per dins, no calia ni que s'ho pensés, perquè allò ho portava al moll dels ossos, i els esquelets no solen pensar res. L'ancià va respirar fondo, va amidar el seu contrincant i va engegar per fi el seu discurs.

—La Fermina m'ha dit que ens ajudaries. Tinc la intenció de fer un mural per al meu nét, que aviat farà els deu anys. I estic decidit a deixar-m'hi la pebrotada, encara que sigui la darrera cosa que faci a la vida. No sé quant de temps seré per aquest món, i...

—Pebrotada? No ho entenc. És igual, he entès la resta, i que la vellesa és una meravella —va proclamar l'altre entre les dents—; una benedicció de llarga vida.

—I ta mare es va quedar ben descansada —va pronunciar el marquès ben baixet.

L'avi va fer un rebuf i després es va estendre en explicacions. Havia trobat el mur ideal, tenia un esbós de la composició, i ja sabia on col·locaria cada cosa: la Trinitat a dalt, allà l'Arnau, la Fermina no, que no hi volia sortir, però altres personatges del barri sí, i santa Rita, i potser el Manolete o el Cordobés, encara calia veure-ho, i figures històriques, naturalment, però ho havia de parlar amb el savi Salomó... Bé, estava força clar. Només li calien alguns diners, els pintors i poca cosa més. I la bastida, per descomptat. I també els permisos, però no creia que fos un problema, veient els amics que...

—D'acord, doncs sí. Cap problema —va interrompre l'Ahmed.

—Com dius? —va girar el cap i va apel·lar a la Coixa—. Què diu, aquest?

—Tindrà el que necessiti, al-Marquix —el pakistanès va reblar el clau—. Amb una sola condició.

—Ah, bé. Ah sí, bé, vejam.

L'home va xuclar amunt, va descansar els braços als genolls i va ajuntar les mans per escoltar amb atenció.

—La nostra comunitat és molt solidària, sap? Aquí ningú no es queda al carrer, tots ens ajudem. Quan algú pren una decisió, tots els altres volen saber per què ho ha fet, i opinen, i... Som deu homes per cada dona, aquí. I tots els homes volem manar, ho portem a la sang, m'entén? Doncs sí. Vostè ja m'entén, al-Marquix, vostè ja m'entén.

—No gaire, però quin és el problema?

—No, problema cap —va exhibir la calaixera de dents impecables—. Problema cap. Però tenim una mesquita al carrer Montserrat, molt petita, i una altra al carrer Hospital, tampoc no gaire gran. A l'una hi ha un mul·là que és del Gujarat, i a l'altra... Bé, gent molt devota, però poc informada del món. Doncs sí. Un d'ells es renta les dents a la galleda de les libacions, sap?

I tu què, va anotar mentalment l'avi, tu no pares de gratar-te ni de fer burilles amb la ronya que tens entre els dits dels peus.

—Doncs sí —va reprendre l'indostànic—. Hi ha molt fanatisme i poca cultura, i si es tracta de fer un mural al carrer, a la vista de tothom...

—No caldrà pregonar-ho, tampoc.

—Pregonar? Què vol dir? Anunciar? Ah bé, al-Marquix, volia dir exactament el contrari. S'ha de fer una cosa que arribi a tothom, i que agradi a tothom. Però els líders religiosos són molt seus, i segons com armarien un escàndol. Doncs sí. S'ha de fer ben fet.

—Doncs sí —va dir el marquès, impacient.

—Hauríem de fer, no ho sé, una cosa bonica. Posar una sura dalt de tot, per exemple. Doncs sí, una sura ben vistosa.

—Una què? —va preguntar el vell.

—Vols dir com un tap de xampany? —va engegar la Coixa—. Però que no éreu abstencionistes, vosaltres?

—Un versicle —va aclarir el pakistanès—. Com ara *La il·là il Al·là*, o sigui «No hi ha més Déu que Déu». Una professió de fe. Ah, i un dibuix de la *kaabà*, la pedra de la Meca. I res de sants ni de verges, que està prohibit. No es poden barrejar els sentiments.

Al marquès d'Escudellers li va caldre una estona per entendre el que deia l'altre, o més aviat per entendre que no li estaven prenent el pèl. A poc a poc li van pujar els colors i se li va tornar a inflar el coll. Un filet de bava li va caure de la boca oberta.

—Com?

—Doncs sí. Parlo de coses que són sagrades, per a la meva gent. Vostè comprendrà que...

—I els collons del pare sant.

—No, no podem dibuixar els pares sants. En la nostra creença...

—Però tu —en Silvestre es va aixecar—... tu qui t'has cregut que...?

El musulmà va arronsar el front, interrogatiu. La Fermina també es va alçar, disposada a fer de força d'interposició. Li va prendre el braç a l'amic i ell se la va espolsar del damunt.

—Et penses que ets el rei d'Orient, oi? —va escopir capellans, per norma general un avís de combat—. Què vols, que em posi un turbant? Que proclami la guerra santa dels mahometans? Jo estimo el meu nét, em sents? Jo mai no li faria un lleig, mai. Mai!

—Home, no és necessari que...

—Tu ets un gos, això és el que ets. Saps allò dels Reis Catòlics, oi que sí? T'ho han explicat, el que van fer? Se us van menjar rostits a tots, això van fer! Vols que hi tornem?

L'Ahmed es va calçar les xancletes, i va indicar el camí de la porta als seus hostes. El marquès, sorrut, va acatar aquella expulsió com ho hauria fet el mateix Ferran d'Aragó, suportant amb orgull el pes de la història girada a la inversa, i deixant que una desolada Isabel de Castella li cobrís la rereguarda.

—Buf, ja som fora de la cova de l'Alí Babà... —va exclamar el marquès—. Cony de moro... Que no era tan ric? Doncs per què va amb xancletes? I per què no es fica la camisa dins dels pantalons?

—L'Ahmed no és un moro —va protestar la Fermina.

—Ja. I llavors què és, segons tu? Un refotut esquimal?

—L'Ahmed és l'Ahmed —va sentenciar la dona—. I és molt ric, molt més del que sembla. Només amb el negoci del laboratori telefònic ja fa diners a cabassos.

—Ah. Doncs felicita aquest bandarra de part meva.

—No et saps comportar, marquès. L'Ahmed et podia haver ajudat.

—Sí, i jo empassar-me els collons de Mahoma. Que són de goma. Amb allioli, i..., i...

—Podies haver arribat a un acord —va dir la Coixa amb un sospir—. Aquesta gent es passen el dia regatejant, no fan altra cosa. Li podies haver dit que sí a alguna cosa, i a les altres que no. Ets un cas. Els més necessitats són sempre els que més oportunitats deixen passar.

—Som.

—Sí. Som.

Tots dos van optar per compartir silencis. Remuntaven junts cap a muntanya, ell rompent l'aire amb el seu enuig, ella escombrant el carrer amb la seva cama baldada. Seguien, a la inversa, la llegendària ruta dels elefants. No feia pas tants anys que el jovent havia sovintejat aquell recorregut, des de Tallers fins als bars de Santa Mònica, i l'havia batejat tot evocant les trompes èpiques que s'hi veien desfilar a la nit. Començaven a les tavernes, després baixaven al Marsella i festejaven amb l'absenta, i tot seguit s'arribaven al bar London. Allà provaven d'emular els gurús que iniciaven les noies als plaers més hedonistes, però sovint s'havien de resignar als plaers de l'haixix.

—On anem? —va preguntar l'home—. A trobar més mahometans?

—A qualsevol banda —va fer ella—. Necessito beure.

—Sí, i que no sigui dolç, si us plau —va descarregar un bon gargall a terra—; aquesta grosella maleïda...

Quines trompes, les d'abans. Va repescar els records elefantins, amb aquella ruta que obligava a fer parada a la Bodega Bohèmia, on habitava el geni del Gran Gilbert, que mai no va tenir menys de vuitanta anys, i que brodava les imitacions.

—El Xino s'ha acabat —va pontificar l'antic policia—. Ja no alçarà el cap.

—Ah. I...? —va inquirir ella.

El marquès va arronsar les espatlles.

—És llei de vida. Ara, escolta bé el que et dic —va mostrar un somriure triomfant—: Escudellers se n'ha sortit. I se'n sortirà, perquè és el melic del món, perquè és vell com el cagar, i perquè no viu d'un sol pecat, sinó de tots. El meu carrer sempre atraparà la gent, potser una gent diferent de la d'abans, però gent, al capdavall. Mentre hi ha gent, hi ha vida —va alçar una mà—. Sí, el Xino ha mort, visca Escudellers!

—Sempre seràs un filòleg, marquès. Un mestre inútil, que no sap acabar res del que comença, però mestre igualment. Per cert —va encadenar abans que l'altre pogués reaccionar—, d'on ho has tret, que aquí no hi ha gent? Jo ho veig molt animat.

L'avi va repassar l'escena amb la mirada. Entraven al carrer del Carme, i havien d'esquivar els grups d'homes que conversaven sense pressa. Tots amb els seus bigotis i les seves camises penjants. Va fer una negació amb el cap i es va ajustar l'americana.

—Doncs jo només hi veig moros.

—Quin cas.

La Fermina va demanar pas per enmig d'un dels corrons, i es va fixar en l'aspecte dels presents. No estaven tan malament, va pensar; més d'un pagaria per portar aquelles barbes tan ben retallades, o aquella pell tan bruna, o aquella roba tan neta. Si te'ls miraves bé, feien goig, i si en alguna cosa hi entenia, ella, era en qüestió d'homes. Va fer petar la llengua i va decidir que havia de canviar de tema.

—El Moreno torna a estar malalt. L'he hagut de deixar amb el savi Salomó.

Precisament aquelles eren dues persones de les quals el marquès no volia parlar. I es podia escapar de la segona, però no pas de la primera. Va fer el comentari més casual que li va passar pel cap.

—És allò de sempre, oi?

—Sí, la malaltia punyetera —va sospirar ella—. Culpa meva.

El vell coneixia la lletania de laments i de remordiments que la dona gastava quan parlava del seu fill, fins i tot en contra d'una muntanya d'evidències mèdiques, i no estava disposat a sentir-la de nou.

—Deixa-ho córrer —es va retocar el mocador, i després se li va encendre l'expressió—. Per cert, no diguis res a l'Arnau. No li diguis que el teu minyó està malament. És capaç de renunciar al seu regal d'aniversari.

El pinxo tenia un cor molt gran, massa gran. Una vegada al vell se li havia acudit parlar-li dels infortunis de la Coixa i el seu fill, i el nano s'havia tret les vambes de marca i havia insistit a regalar-les al Moreno. Ell ho havia impedit, però l'endemà havia aparegut amb tots els seus estalvis, que Déu n'hi do, i havia intentat donar-los a la Fermina. Per fortuna, ho havia evitat altre cop, però no havia pogut ocultar el gest a la Júlia. Quan la mare del nen ho va saber, va treure foc pels queixals. Aquells diners eren per als patins del seu fill, va exclamar furiosa: no eren per a un xaval infectat. A més, l'Arnau havia trencat la guardiola, i es veurien forçats a comprar-ne una altra.

L'Arnau havia sobreviscut a l'incident amb els seus ulls grans i directes, que no acabaven d'entendre res, o que comprenien de sobres la falsedat dels adults. El marquès hi havia posat tota l'habilitat que duia al cos, potser poca per als altres, però una immensitat per a ell. I havia decidit que no tornaria a permetre un malentès com aquell.

Sobretot, no volia que l'Arnau estigués temptat, ni en el més remot dels pensaments, de renunciar al magnífic projecte de mural. Allò era sagrat: quan ell, en Silvestre Guillamet, marxés del món, s'enduria un tros del pinxo. I el pinxo, a la força, s'havia de quedar amb un tros del seu avi. Alguna cosa li havia de quedar, alguna cosa imponent, i no estava disposat a prendre cap risc. Ni l'Esteve, ni l'Alí Babà, ni tampoc el baldat del Moreno li robarien aquella missió.

La debilitat pel nét ja li venia de lluny. Des que havia nascut, aquell xiquet s'havia convertit en la seva religió. Als cinc anys, l'Arnau havia passat una temporada a l'hospital, afectat d'un mal de pulmons. Com que els pares tenien tanta feina, o això deien, ell s'hi havia passat totes les hores del món. Al llit del costat, hi havia un minyó de la mateixa edat, que xisclava demanant el seu calmant; quan estava serè, però, el menut era rialler i eixerit, i molt bufó. Tots dos, avi i nét, li van agafar un gran afecte, li explicaven acudits i l'animaven. La Júlia i l'Esteve, quan hi anaven de visita, li deien que era un frívol: «Com pots riure en una situació com aquesta?», l'acusaven. I ell responia que reia perquè veia riure els nens, perquè eren divertits, i perquè sí. Perquè estimava les criatures, i les dones més desgraciades, i la seva ciutat bruta i sorollosa. Perquè feia sol i veien passar els ocells per la finestra. Perquè estaven vius. Per això reia.

Un mal dia, va aparèixer un infermer, va embolicar el petit veí amb un llençol i se'l va emportar. Van veure com se l'enduien, amb una cameta que li penjava per fora. En aquella hora, el marquès va confirmar que la mort d'un infant era la cosa més vil que podia existir, i que només hi havia una cosa pitjor que la desaparició d'una criatura: la mort d'una criatura en particular, la del seu nen adorat. Va jurar que faria el que fos, que moriria i mataria, abans de veure la cama de l'Arnau gronxant-se en el buit i allunyant-se, en braços d'un desconegut, per un corredor blanc. Allà es va enamorar sense remei del pinxo. Perdudament. Més que de cap dona, o més que del seu propi fill. De fet, la devoció pel menut va fer baixar la resta d'estimacions a la segona divisió sentimental, del tot supeditada a la primera, on només hi cabia una persona.

La Coixa li va veure els ulls aigualits.

—No t'ho prenguis tan a pit —va fer—. Els metges diuen que el Moreno podrà fer vida normal. O gairebé. Només haurem d'estar-li a sobre.

—Sí, sí, a sobre.

L'avi no estava amoïnat pel fill de la Coixa. O potser sí, però en segona instància. El que li torbava l'ànim era una sola figuració, una idea devastadora, la imaginació de pensar que allò del Moreno podia haver-li passat a l'Arnau.

—Sort en tenim, del Salomó. És un bon home. Per cert —la Coixa va fer un viratge sobtat, pivotant sobre la cama bona—, no hi hauries de parlar? Ell també et podria donar un cop de mà.

—No m'emprenyis, noia. Jo ja sé el que em faig. És ell, el que hauria de... —es va obrir pas—. Vull dir que... que estic cansat, redéu.

Van explorar el carrer, i es van ficar al primer bar que van trobar.

—Ideologies perveeeeerses! —cridava l'home—. Misèria polííííítica!

El guillat era un de tants personatges que fabricava, des de l'albada dels temps, la Barcelona vella. La ciutat antiga era un paisatge on s'hi feien aquelles herbes: homes solitaris, genis amagats que ja no cridaven l'atenció perquè eren una raça massa abundant. Vestia una barba de mesos, adherida a una cara de cinquanta anys mal portats, i desprenia una ben guanyada fragància de claveguera. Seia en un racó del bar, amb un bric de vi barat i una bossa de plàstic damunt la taula. Era clar que estava posant a prova la resistència de l'encarregada. El marquès i la Coixa, que coneixien de vista el rodamón, van saludar-lo amb un cop de cap i van seure. Van demanar dues cerveses i aleshores es van fixar en la concurrència. Tot eren figures menudes i brunes, de rostres rodons i mirades asiàtiques. Dones, la majoria.

—És un bar de minyones —va observar en Silvestre, sense malícia. Va fer un gest de dolor i va encaixar la mà sota l'aixella.

—Felipines —va concretar la Coixa.

Va estar a punt de tocar-li el braç a l'amic, però se'n va estar. El marquès no es trobava fi, i qualsevol aproximació es guanyaria una rebufada.

—Utopies siniiiiiistres! —va cridar el dement.

—Va fort, avui —va murmurar el marquès, entre esbufecs—. Cada dia hi toca menys...

L'expolicia coneixia vagament la història del solitari. Havia estat un activista de barri i, en els anys de Franco, havia servit totes les causes. Sempre li havia faltat algun bull, però quan havia arribat l'hora de la protesta, les causes s'havien servit d'ell. No l'havien detingut mai, perquè la follia li havia servit de cuirassa contra els excessos del règim. Però la protecció no li havia fet cap favor contra les inclemències de la democràcia i, quan tots els antics companys havien trobat un o altre despatx, ell s'havia quedat al carrer. La seva darrera gesta havia estat en els temps dels Jocs Olímpics, quan va encapçalar un moviment per mantenir oberts els dos darrers *meublés* del Xino. Molts veïns i prostitutes li havien fet costat, tan convençuts com ell que aquells establiments eren la darrera pulsió de vida que li quedava al barri. Van perdre i ell, abandonat de gent i ideals, va perdre més que ningú: va perdre el poc senderi que li restava.

—Calamitaaaat de socialisme —va entonar—, calamitaaaat d'anarquisme, calamitaaaat de catalanisme!!

Al marquès se li va escapar una rialleta per sota el nas, ara que ja començava a respirar amb normalitat. La cambrera els va portar les cerveses a taula, dues San Miguel. Ell va prendre l'ampolla i va beure a galet. La Fermina va fer una negació amb el cap.

—Ruuuuïna de marxisme! —va engegar l'home—. Ruuuuïna de...!

La filipina major es va plantar davant de l'energumen i li va etzibar quatre xiscles aguts. Si no sortia del seu bar, li va dir, cridaria els homes de la família. L'arrossegarien al carrer i l'estomacarien, va precisar. El pertorbat va aferrar-se al seu bric de vi, però no es va moure. Va inspirar a fons i va reprendre la lletania.

—Immigració perveeeersa, maleïts mestiiiiissos!

L'encarregada va agafar el bric de vi, es va acostar a la porta i va llençar la beguda al paviment. Després va tornar, va picar la closca del sonat i li va indicar el camí de sortida. L'altre es va quedar assegut, el front congestionat i l'esguard furtiu. El marquès es va alçar amb un rampell i es va plantar davant la filipina.

—Ep, ep —va advertir—, això no són maneres. Sabeu qui és aquest home? Ho sabeu? Aquest home és, aquest home... és... Bé, tant li fot qui sigui, no són maneres!

—Ah no? I què voleu que faci, senyor? Eh? —va replicar ella en castellà—. Es passa les tardes aquí, sense pagar res. Què haig de fer, eh, senyor?

L'antic municipal va amidar l'escena. Va observar la filipina, després el barbut, després totes les dones que l'observaven, i finalment la Fermina. Va decidir que calia una demostració d'autoritat. D'entrada, va sortir a fora, va pinçar el bric amb dos dits, i el va restituir al seu propietari. Tot seguit, li va posar la mà a l'espatlla.

—Teniu raó, gentil home. Però sabeu, les dames no hi entenen, de política. Què us sembla si les deixem reposar?

L'altre va deixar anar uns quants brams, en escala descendent. A la fi, va fer un gest afirmatiu, va embotir les seves pertinences a la bossa de plàstic i es va incorporar. El marquès el va agafar pel colze i el va conduir al carrer. El cridaner estava fet un vedellet. Ja a l'exterior, els dos homes es van acomiadar mútuament. El boig va confessar que preparava una campanya memorable, que faria molt de soroll, i l'agent retirat va reconèixer que allò era el millor que podia fer, que encara hi havia molta feina pendent. Un cop alliberat de l'activista, va tornar a la taula i va ocupar el seu seient en silenci. Un corró d'admiradores es va formar al seu voltant.

—Gràcies, senyor —va pronunciar la mestressa.

—No es mereixen.

—Sóc la Carmina —la dona va allargar la mà.

Van fer les presentacions i van començar a moure cadires. Les dones del local van anar prenent lloc al voltant dels dos nous clients. La Cruz, l'Olga, la Dolores, l'Olvidos, la Lucena. Totes tenien noms castellans però no dominaven gaire la llengua de Cervantes. El marquès va destacar la seva estranyesa per aquest fet, que li apareixia com una novetat. No s'hi havia trobat mai.

—Els espanyols... —la Dolores.

—Van portar cristianismes... —la Cruz.

—Van batejar... —la Lucena.

—I fora, van marxar —l'Olvidos.

Van aconseguir entaular conversa. Les dones venien de Manila i dels voltants, llevat d'una que era nascuda a la graciosa ciutat de Cagayán de Oro, i que no era gaire més prima que les altres. Aquesta darrera era l'Estela, i l'home es va estalviar la broma fàcil, que hauria costat d'explicar i que no hauria causat gaire bona impressió. Treballaven de minyones, mainaderes i cambreres, però sempre que podien es reunien al bar de la Carmina per recordar les seves illes enyorades. Pel que van poder entendre els nouvinguts, eren molt de missa. Quan una cosa els agradava deien *mabuti*, que volia dir 'bo', i quan no exclamaven *massama*, que volia dir 'dolent'.

—Així, aneu a la catedral? —va preguntar la Coixa.

—Mabuti —van xisclar a l'uníson.

—Crist de Lepant —va afegir la mestressa.

—I teniu mania als mahometans? —va afegir el marquès.

—Massama, moros massama! —van fer escarafalls.

Al seu país, van venir a dir, tenien els seus propis moros, que eren com el dimoni amb banyes. L'Estela de Cagayán era la que més odiava els infidels, perquè es veu que vivien a tocar de la seva ciutat. El govern feia molts anys que provava de liquidar-los, deia, però no hi havia manera. Aquella gent tornaven a créixer sota les pedres. En Silvestre va riure, tot fent una afirmació amb el cap. Llavors li van portar un plat de *gulai*, que eren unes verduretes amb suquet de coco, i s'ho va mirar amb prevenció. Com que estava literalment assetjat, ho va haver de tastar, i va pensar que no era fastigós del tot.

—Hmmm, mabuti, mabuti... —va declarar.

L'home reviscolava, en part gràcies a la cervesa, en part gràcies a les verduretes, i sobretot gràcies a la conversa. Se sentia en la seva salsa, un gall al galliner, entre noms de dona que eren fàcils de recordar i injeccions d'orgull masculí. Li agradava que les senyores anessin a missa, encara que ell fes una pila d'anys que no combregava. Les dones, pensava, eren fetes per anar a confessar-se i penedir-se dels seus pecats. Com la Mercè, la seva estimada esposa, que mai no havia fet mal a ningú però que sempre trobava alguna falta, pròpia o aliena, per demanar perdó. Les dones a l'església, i l'església per a les dones.

—Bé, tu no —va concedir-li a la Fermina—. Les dones com tu sou una mica homenots, sou... sou diferents, i...

La companya el va ignorar.

—Aleshores —va intervenir la Coixa—, on són els vostres homes?

—Homes? Massama, massama —van esclafir a riure.

Aquelles dones podien ser carn de capellà, podien ser incultes o cridaneres, però anaven per lliure. Els seus homes, o bé no existien, o bé s'havien quedat a casa. Segons deien, al seu país sempre havien tallat el bacallà les dones. Bé, i els mossens també. Quan reunien alguns estalvis, els enviaven a les mares o germanes, mai als marits; i si tenien prou diners, s'emportaven els fills i germans, no pas els marits. Havien creat una nova pàtria sense pares de família, tot colonitzant els carrers del Tigre, de la Lleona i de Joaquim Costa. Una comunitat que feia pinya al voltant de la imatgeria catòlica. Tot això va fer reflexionar el marquès, que va comprendre el seu poder d'atracció, més a prop del confessor que del semental.

—Però la catedral us queda lluny —va observar ell amb encert—; a quina parròquia aneu normalment?

—Sant Agustí, mabuti —va afirmar una.

—Mabuti, sí —van fer les altres a cor.

Compartien el temple amb transvestits i prostitutes i, lògicament, eren unes grans devotes de santa Rita, patrona dels impossibles. A la protectora li demanaven fortuna, salut i fills sobris, i ella feia el que podia, saturada com anava de peticions quimèriques. La setmana passada, van relatar les dones, havien tingut molta feina a pregar, per allò que havia passat a la plaça dels Àngels. Fins i tot havien demanat l'ajut del rector, no fos que aquells dies la Mare de Déu anés massa desbordada.

—A la plaça dels Àngels? —va demanar l'expolicia—. Què hi va passar?

Resulta que el Benito, l'Aguinaldo, el Quirino i el Bonifacio s'havien ficat en un bon embolic. Els quatre adolescents eren fills d'algunes de les filipines, encara que costava endevinar de qui eren fills naturals, ja que els tractaven com si la seva sang estigués repartida a parts iguals i indissociables. Doncs bé, els joves solien jugar a pilota a la plaça dels Àngels, davant del museu aquell tan blanc, i ja feia un temps que se les tenien amb un rodamón negre. El pidolaire era negre i era moro a la vegada, anava a la mesquita, i no hi tocava. Sempre insultava els nanos, blasfemava contra les seves santes mares i, pitjor encara, contra les santes patrones de tots. Un dia el van apallissar, però res, un simple escarment, i el van deixar tirat. A la matinada se'l van trobar calcinat: algú l'havia ruixat amb benzina i li havia pres foc. La mainada havia passat a disposició judicial quan, tothom ho sabia, ells eren incapaços de fer allò, en el fons eren bons nanos, no bevien, o bevien molt poc, i...

—Quina injustícia... —va sospirar el marquès, i va esbossar un lleu somriure de guineu. La Fermina li va clavar una coça amb la cama bona per sota la taula.

—Què fareu ara? —va dir la catalana.

—Massama —va respondre la mestressa.

—Massama —la Cruz.

I així totes, massama massama, l'una rere l'altra. No hi havia gran cosa a fer, més enllà de pregar amb gran fervor a la Rita, i demanar visites a la garjola a través del mossèn. Sense oblidar-se de pronunciar el massama d'ofici.

De sobte, a en Silvestre Guillamet se li va encendre un llumet. S'havia recuperat dels seus dolors, i es trobava en plena forma. La seva astúcia fina, guanyada a força de places i cantonades, el venia a socórrer, a ell, i també a les filipines. En cinc minuts es van posar d'acord.

—Quin cap de pardals. L'has vist, aquest...?

El marquès contemplava una de les estàtues vivents de la Rambla. Estava assegut en una tassa de vàter, els pantalons abaixats fins a mitja cama, i entre els llavis hi tenia un tubet. Xuclava un líquid marronós que pujava de dos bidons de plàstic, a banda i banda de la tassa, gràcies a dues canyes que s'unien a l'alçada del pit i entraven per un sol conducte a la seva boca. La Fermina va fer petar la llengua.

—Ja no saben què inventar —va sospirar.

—Una autèntica mariconada —va exclamar ell, abans de fer mitja volta—. Aquesta ciutat sembla un circ. I nosaltres... nosaltres els micos.

—Bé, jo vaig passant, que m'espera el Moreno.

—Sí. Escolta, escolta —la va retenir amb la mà—. No

et semblen estupendes, les dones aquestes? Ara tindrem pintors, sense pagar ni un duro, i una colla de gent disposada...

—No et facis il·lusions, marquès.

—Au va. Aquestes compliran, se'ls veu a la cara. Ens hem entès perfectament.

—Vas llest —va rondinar ella—. Com més bé expliques les coses, i les repeteixes a poc a poc, menys t'entenen. Mira, no ho veig clar. Això de treure els nois de la gàbia, amb la fiança que els ha caigut al damunt... Que les coses ja no són com abans, coi.

—Bah! —l'home es va retocar el mocador, disposat a presumir d'influències—. Això no canviarà mai. Tinc un inspector que em deu un favor, i ja ho veuràs, una trucadeta per aquí, una visita per allà...

—I aquesta dèria de pintar santa Rita sortint disparada de la muntanya dels Pintanabos.

—Pinatubo, nena, Pinatubo —va recalcar el marquès—. És un volcà, i no em sembla gens malament que la patrona neixi de les flames. Aquí també hi ha molta devoció, a santa Rita. Ja m'ho puc imaginar —va estrènyer els ulls, i va aplegar els dits cap amunt—: la Mare de Déu, vestida de gala, en plena erupció, allà en aquell mur, serà l'hòstia...

—L'hòstia, sí, no t'ho perdis. I els diners? Necessites una bastida, el material. Això també t'ho portarà la Rita, és clar.

La Fermina s'havia picat. No estava clar si la molestava més que l'amic ignorés la seva gestió amb l'Ahmed, o allò de santa Rita. Ara resultava que la patrona era una idea de les filipines. Li havien robat la Santa, i la volien dibuixar com una bala de canó, sortint de la gola d'una muntanya. Quina vergonya.

—Mira, Fermina, no en tinc ni idea, d'on sortiran les misses —va deixar anar amb un rebuf—. Però del teu moro

Alí Babà i dels seus quaranta lladres, ja t'asseguro jo que no. Ni fart de vi, amb aquest.

—Doncs pitjor per a tu.

Quina llauna, la Coixa aquella. Sempre veia el més fàcil de color negre, i el més complicat era el que li cridava l'atenció. Una pesada de nassos, és el que era, i no tenia remei. Sempre rebentant il·lusions. Ara que havia ensarronat les filipines, ho veia més clar que l'aigua. Potser havia arribat l'hora de prescindir de la Fermina, deixar-la de costat i tirar pel dret. El marquès estava convençut que podria treure els nois de la presó, o la majoria d'ells, i que aviat tindria un exèrcit a les seves ordres. Encara hi havia uns serrells pendents, naturalment, però tot arribaria al seu temps. Quines ganes de trobar problemes a tot. Dones.

Trobava a faltar la Mercè, la seva santa dona. «Creu en els somnis, i els somnis creuran en tu», li deia la Mercè. Sempre positiva, sempre llesta per ajudar i comprendre. Com enyorava la seva companyia i els seus ànims! Encara recordava el dia del casori, i tant que el recordava. Havia estat el nou de gener de 1951, el dia que tota la ciutat havia baixat al port a rebre la sisena flota americana. Ells dos, vestits de nuvis, s'havien barrejat amb la gentada i amb la multitud de gorretes blanques. I mentre els mariners s'havien arrambat a la primera noia disponible, ell havia passejat amb la seva dona pels molls, traient pit. I l'esposa encaixant la desfilada sense cap queixa.

Ho encaixava tot, la Mercè, ho va encaixar tot des del principi fins al final, i ell vinga a fer l'animal... bé, a fer l'home, que era el que li tocava. Quan l'esposa li descobria una gamberrada, qualsevol de tantes, ella arronsava les espatlles i entomava. Calia anar endavant, apuntava amb un somriure forçat. Ell se la mirava amb vergonya i li deia no te'n vagis, no te'n vagis, ara no Mercè, no te'n vagis mai. Però se'n va anar. Merda. I tant que se'n va anar, a l'altre barri, i al cap dels anys ja no li quedava més dona que aquella meuca esguerrada i lúgubre, i una colla de filipines cridaneres.

No li havia fet justícia a la Mercè, pensava. Però amb el temps, va adonar-se que tampoc no n'hi havia per tant perquè, a la seva manera, havia fet feliç la muller. A l'hora de la veritat, pensant-ho bé, ell havia guardat prou seny. Podia haver-se embrutat amb negocis tèrbols, i no ho va fer. Mai no va abusar de l'alcohol, i es va negar en rodó a fumar res que no fossin cigarretes curtes sense filtre. Sobretot, podia haver anat al llit amb moltes femelles, quan ell tenia el poder d'una insígnia, d'una gorra i d'una pistola. Als barris baixos, ell tenia el poder absolut, però mai no se'n va servir.

Ell era un senyor, al capdavall, un bon tros de presumit, i preferia quedar bé abans de quedar tip. Si havia de triar entre el guany i la influència, triava la influència, i si havia d'elegir entre la carn i el festeig, escollia el festeig. Quin mal hi havia, en allò? La Mercè ho sabia, en el fons, encara que no en conegués els detalls. Sabia que ell volia adulació, molta admiració, tota la que pogués collir, a casa i també fora de casa. Dimoni, ell era un marquès, i només demanava que el tractessin com a tal. La Mercè l'entenia, recony. I com la trobava a faltar!

—És tard —va saltar la Coixa—. Me n'haig d'anar.

—Espera, espera —la va retenir de nou—. Aquell negre, aquell sapastre tan rialler que dirigia una trepa de camells i putes, te'n recordes? Fa deu anys potser, o no, vint més aviat, com es deia? Com passa el temps, el refotut temps, oi...

—No ho sé, marquès. Jo no m'hi trencaria la closca, tornaria a veure l'Ahmed i m'entendria amb ell.

—El negre era tot un personatge —va continuar ell—. Bellugava molta gent, i tots li feien cas. Si aconseguís que em mobilitzés les seves noies, i els seus rapinyaires, ja no caldria que...

—L'Ahmed t'ho arreglava tot amb un cop de talonari. Només que jo li ho ordenés, ho faria.

—I tant, no ho dubto —el marquès la va despatxar—. On deu parar, aquell dropo? Tenia nom de ràdio, o de tele...

—Si escoltéssim més, parlaríem menys —va sentenciar la Fermina, a punt de marxar.

—Com? —el vell va baixar del núvol—. Collons, filla, que jo fa mitja vida que paro l'orella, eh? No em vinguis a renyar, tu. Jo sempre t'he escoltat. Aviam, de què punyeta parlaves, ara?

De sobte, l'avi va fer un bot. Algú li havia agredit l'orella amb un toc de corneta estrident. Es va tombar, i plantat darrere seu va veure un còmic disfressat de gallina. Portava la trompeteta a les mans. Els turistes del costat reien de gust. En Silvestre Guillamet va fulminar l'interfecte amb la vista, i després s'hi va llançar al damunt. El pallasso es va fer escàpol i va fugir Rambla avall, fent saltirons i trompetejant a tort i a dret. El marquès es va mossegar el llavi i va passar-se la mà per la closca engominada. Que li fessin aquelles facècies a ell, ell que ja tenia una edat, ell que havia estat l'autoritat indiscutible d'Escudellers i de la Rambla, no tenia nom. Ell que pensava que encara hi havia una diferència entre divertir-se i divertir-se a costa dels altres. La cara se li havia posat tan vermella com la dels teutons que se'l miraven.

—Tros de carcamal —en va interpel·lar un—. Que et llepi el cul la iaia, graciós. Espècie d'imbècil. Un circ, aquesta ciutat —va abaixar la veu—; i nosaltres els micos. Els micos. Què mireu, escamarlans? —va increpar els turistes—. No us fa vergonya, anar mig despullats? Au, a la Barceloneta, tots plegats, a escalivar-vos!

—Tranquil, home —la Coixa li va picar el braç—. Vine amb mi, anem tirant.

—No sé qui és més gamarús, si el que fa el ximple o els que miren. O nosaltres, mira què et dic.

—Sí, marquès, sí. Tens raó. Però no m'has sentit. Et deia que l'Ahmed...

—Qui us penseu que sou, amb aquests barrets? —va acomiadar-se dels turistes—. Les tropes del Pancho Villa, o què? Us embarquen a casa com a passatgers, i us desembarquen a Barcelona com a equipatge... Orelluts, torracollons! Apa, que us bombin a tots, adéu!

—Deixa'ls estar, no siguis ruc. Doncs et parlava de l'Ahmed, recordes? Crec que ho hauries d'intentar una altra vegada.

—I tu —a la fi va girar-se cap a la dona—, tu, ets un plom de tia. Quina mosca t'ha picat, amb el teu moro musa? Ets una barrina, em sents, un corcó! I no m'ajudes gens, saps? No tens coratge, noia, i ja en tinc prou jo, de cagacalces.

—Ei, més respecte.

—Que no en vas tenir prou, amb el que et va fer? No hi vull parlar, amb el teu lladregot, m'entens? I no suporto que es toqui els peus, el tocino aquest, i...

—Para el carro, eh? —va replicar amb la veu suau i el gest ferm—. Mira, tu ho has dit, marquès. Es tracta sobretot del que em va fer.

—Prou que ho sé, el que et va fer —va alçar els dits i va començar a comptar amb els dits—: et va explotar, et va estafar, et va enganyar, et va...

—Em va fer un fill. El Moreno.

Es va quedar mut. En Silvestre Guillamet, marquès d'Escudellers, antic policia i autoritat indiscutible al reialme de la Barcelona vella, va quedar-se mut. Va xuclar pel nas i va repassar la dona de dalt a baix. La Coixa el va desafiar amb els ulls, després va abaixar la mirada i va girar cua. Rambla avall, tot ranquejant, es va deixar engolir per la gentada. L'altre va continuar mirant, fins i tot quan ja era impossible destriar el seu deambular esguerrat. La Coixa. Reputes. Coixa, sí, però d'una sola cama.

I el moro. El pare del Moreno. Verge santíssima. No n'hi havia un pam de net, s'ho hauria d'haver imaginat. Tots aquells anys sense sospitar una cosa tan elemental, una evidència que clamava al cel. La Coixa i el moro, l'Ahmed aquell, i el Moreno. Sí, ben mirat, el marrec tenia una retirada al bordegàs, a l'Omar Shariff en lleig. Hi hauria d'haver caigut. La mare que els va parir a tots plegats. Cagunlòstia, aquella no se l'esperava. És clar que l'ajudaria, l'Ahmed dels pebrots. Per descomptat que sí, hi aniria de seguida i l'obligaria a clavar els bitllets damunt la taula, l'un darrere l'altre, i ni la Meca ni la Seca ni les Valls d'Andorra, ni els pets de Mahoma en persona. I tant, que el faria cotitzar, ara sí. Cagunlou, la Coixa. El seu fill era un fill de moro.

—Fermina —va proclamar a l'aire amb mig somriure—. Ets una grandíssima puta. Sí senyora. I vosaltres... vosaltres què badeu? Au vinga, escarabats —va regalar un gest obscè als turistes—, foteu el camp, a fer la vostra feina, a rostir-vos com pollastres!

# Sonny Colgate

Tu, negre, alto, alto!

El marquès va arrencar a córrer darrere el cotxe, o va córrer tant com podia algú que passava de la setantena. Ho va fer a pas de policia, una mà enlaire i l'altra contra la cintura, com si assegurés la pistola. Per fortuna hi havia embús, com sol passar a la Rambla baixa, i va atrapar de seguida el descapotable, un Alfa Romeo Spider vermell. Va clavar els dits contra la portella, va fer cara de treure el fetge per la boca i va mirar-se el conductor. L'home es va girar.

—Passssa, col·lega? Hi, hi, tu què vols ara? —va exhibir un somriure d'orella a orella i els ulls a mig gas.

Era ell, va esbufegar el marquès. O, més ben dit, eren les dents d'ell, perquè tota la resta havia canviat. Les trenes de rastafari havien volat, i ara presentava una closca pelada al zero. Les camises estampades i els pantalons de pota d'elefant havien cedit a un vestit de setí argentat. La boina gruixuda de colors ja no hi era, ni la barba filosa, ni els pòmuls sortits. El negre era un negre llampant, més aviat botidet i refinat. Però les dents eren les de sempre.

—Tu ets el... ufff, el Telefunken, oi? —va expulsar l'avi entre bufades—. El... uf, el Panasonic, vull dir... o no, uf, espera, el Sonny, això!

—Potser sí —va riure—. I tu, mestre, tu qui ets?

—Sóc, uf, sóc, el marquès d'Escudellers —va prendre alè—, el municipal, uf, el policia.

—Aaaah —va exhibir una llengua rosada en tota la seva amplitud—. El poli, sí, potser sí, aaah, aaah!!

—Puja, uff, a la vorera —va ordenar, i tot seguit va rectificar—. Podries, uf, podries aparcar un moment? Sonny Colgate, oi, et deien així?

—Quina gràcia, el marquès, ah, ah, quina gràcia, el vell aquell...

L'home va fer un cop de volant i el vehicle es va enfilar a la vorera. Va obrir la porta del copilot i va convidar el marquès a entrar. L'avi es va acomodar, va tancar la porta i, abans que res, mentre es refeia de l'esforç, es va entretenir a observar la tapisseria, l'equip de música i els controls del cotxe. Es va treure el mocador de la butxaca, va eixugar-se la suor i a la fi va encarar el seu antic contrincant. Tenia la cara més rodona, molt més rodona; cara de nou-ric. Les galtes se li havien inflat de diners.

—Ja no deus treballar al Bagdad, suposo?

—Bagdad? No, no, aah, aah! —es va cargolar de riure—. No, no, s'han acabat les cabres, aaah, aah... S'ha acabat, donar pel cul a les cabres! I la mindonga, poli, la mindonga —va mirar-se entre les cames amb uns ulls desorbitats— ja no l'ensenyo a ningú, aaah, aaah, si no vull, no l'ensenyo, aaah, aaah! No te l'ensenyaré, eh, poli, no et pensis, hi, hi!

En Silvestre Guillamet va esbossar un somriure. Trenta anys enrere, el jove negre havia arribat a la ciutat, i s'havia fet un lloc als *peep shows* i als locals eròtics més destacats de la plaça. Rialler i penillarg, complia a la perfecció els tòpics africans. Amb les seves dents per davant s'havia treballat tots els forats de la carn, havia esquivat tots els càstigs i havia sobreviscut. Fins i tot el dia de la gran escombrada policial, quan ell l'havia anat a trobar a la pensió on vivia, aquell dia se n'havia sortit amb el seu humor dentífric i despreocupat. Fins i tot aquell dia funest se n'havia sortit amb gràcia.

—Em deus un favor —va afirmar el vell.

—Aaah, un favor... No fotis, quina gràcia, un favor... Tu no m'empaperes, poli, jo estic net, hi, hi, i tu estàs fet caldo, poli, eh poli?

—Recordes la Fermina, la puta que es va quedar coixa?

L'antic semental va girar la vista.

—Fermina? Potser. Hi, hi, potser...

Les expressions *quina gràcia* i *potser* eren les primeres que havia après el Colgate. Durant molts anys, en realitat, van ser les úniques que va utilitzar. No era cap ruc, el xicot. Quan va adonar-se que gairebé totes les preguntes, gairebé totes, es podien respondre amb aquells mots, els va adoptar i ja no se'n va separar. Armat de les seves riotes i de les seves paraules comodí, va ser capaç d'anar pertot arreu. Es va convertir en el príncep negre més cèlebre de la ciutat, i aviat va tenir la seva tropa de prostitutes i de camells. Els feia treballar com volia, i quina gràcia avui n'han enxampat un, i potser han estomacat una noia, i quina gràcia li han caigut deu anys, i potser té la SIDA, potser sí, i quina gràcia li han clavat una ganivetada. No es va fer gaire ric, perquè tal com li entraven els bitllets li marxaven, però era un autèntic príncep.

Semblava que amb els anys havia incorporat més llenguatge, i havia après a retenir els bitllets. Amb tot, havia conservat el somriure i les primeres paraules.

—La vas fotre ben fotuda, animal.

—Aaaah, quina gràcia, el vell. Mira tu, hi, hi —va picar el volant—. Ara ha tornat, mil anys més tard, i em vol emmanillar. Au, vinga —va estendre les mans—; sóc el teu presoner, hi, hi, hi, sóc tot teu, aaaah, aaah, el teu esclau, vinga poli...

El marquès li va enretirar les mans, i li va ajustar l'americana de setí. Potser més del compte, la hi va ajustar, com si fos l'uniforme de gala d'un dignatari regi.

—No et vull empaperar, pallasso. Vull que m'ajudis —li va fer l'ullet—. Que m'ajudis a fer un regal d'aniversari, per un a nen...

L'altre se'l va escoltar, aclofat al seient, i cada dues frases l'anava apuntant. Repetia els finals: un nen, quina gràcia, un regal d'aniversari, potser sí, aaah, el seu nét de deu anys, aaah, un mural, quina gràcia, els meus nois i les meves noies, potser, bandarres i drogates fent de pintors, que bo, quina gràcia, poli, ets l'hòstia. Que si puc venir aquesta tarda? Potser, potser, aquesta tarda potser, hi, hi.

—Té —el marquès li va allargar un paper amb l'adreça del seu taller—; a les set en punt.

—Hi, hi, és boníssim aquest tio, a les set en punt, aaah, aaah, potser vindré, hi, hi...

—Més et valdrà, xato.

L'avi va sortir de l'esportiu i es va allunyar cap al carreró més proper. Abans d'esmunyir-s'hi, va treure un objecte de la butxaca i el va mostrar al Sonny Colgate, ben amunt, perquè l'altre el pogués distingir. El negre va afinar els ulls i va reconèixer la seva cartera de marca. Es va palpar el setí argentat a l'alçada del pit.

—Hosti, la meva cartera!

—Sí, quina gràcia, la cartera! —va cridar l'avi—. A les set en punt, potser?

El Sonny va fer el gest de saltar del cotxe, però s'ho va repensar. Va mirar la tapisseria, l'equip de so i els controls, després va fer una repassada a la via pública, i va dubtar si podia abandonar el descapotable. Llavors va clissar una parella que patrullava més avall, i va decidir que no era el moment d'organitzar un sarau. Es va deixar caure al seient, rient per sota el nas i fent anar el cap de banda a banda. Va alçar la mà per acomiadar-se, es va enfundar el paper amb l'adreça a la butxaca, i va engegar.

—Està com un llum —va dir mentre s'incorporava al trànsit—. Està boig, hi, hi, quina gràcia, el poli està com un llum. Aaaah, aaah, el marquès, aaah, aaah, a les set. Potser sí, potser sí, hi, hi, a les set en punt.

Va revolucionar tots els cavalls de l'Alfa Romeo Spider, va esquivar un cambrer que travessava el carrer amb la safata, va passar arran de les cuixes encetades de dues turistes, i va tirar amunt.

El marquès encara s'estava embutxacant la cartera quan va ensopegar amb el savi Salomó. El destacat erudit mostrava un aspecte més abatut que mai. Portava el jersei amb els botons cordats a deshora, dos forats més avall del que tocava; la boina, de costat, donava gràcies als greixos que encara la sostenien a la closca; i les sabatilles de quadres li badallaven per unes amables obertures frontals. Els vidres de les ulleres s'havien tornat opacs.

—Punyeta, Salomó —va exclamar el marquès—, que t'ha passat una aplanadora per sobre?

—Eh? —es va apujar les ulleres amb el dit i va arronsar el gest—. Ai, hola. Mira, no, no em trobo gaire fi, la veritat.

—I doncs?

—El Moreno torna a ser a l'hospital. Aquest pobre nano...

—És una creu, i tant —el marquès va fer petar la llengua i va allisar-se els cabells—. Però què vols fer-hi, és la vida. No és el primer cop, no entenc com...

—Em volen prendre el pis.

El vell Salomó es va treure les ulleres i se les va refregar amb el jersei. Va ensenyar les bosses dels ulls, inflades de contenir el plor. Es va col·locar les ulleres de nou, encara més brutes que abans.

—El d'Escudellers Blancs? I qui pot voler aquella ratera?

—No ho sé, una companyia. No recordo ni el nom. Han canviat tantes vegades de propietari... Jo he anat pagant tots els lloguers, religiosament, i ara diuen que no hi ha cap constància del fet. M'han assegurat que en tres setmanes, o menys, em puc trobar al carrer.

—La mare que els va parir —l'amic va xuclar amunt—. Tens l'adreça d'aquests escanyapobres? Ara mateix hi anem, els diem el nom del porc, i els esclafem la cara. No els reconeixerà ni la seva...

—No, no —va apujar-se les ulleres—. No t'hi fiquis, hi sortiríem perdent. Ja he anat a l'ajuntament, i m'han assegurat que s'estudiaran el cas.

—Ni ajuntaments ni romanços! Mira, jo conec un poll que, amb una mica de sort...

—Deixa-ho, marquès —va arrufar el nas, gairebé en to de súplica—. Deixa-ho estar, si us plau. Digues —es va gratar la barba de tres dies—. Has vist la Fermina, últimament?

—Sí, precisament m'està ajudant a trobar una paret...

—Malaguanyada, aquesta noia —va sospirar el savi—. Quina llàstima.

—Ja ho pots ben dir, tu. S'ha de reconèixer que... —el marquès va fer ulls de trapella—... que té molt mala pata.

El despistat d'en Salomó va trigar a reaccionar. Primer va clavar la mirada de pena a terra. Tot seguit va aixecar la vista, va obsequiar l'altre amb l'estranyesa del miop, i va prémer els llavis. La boca se li va torçar en un somriure avergonyit. Va provar de reprimir-se, fins a envermellir, però va expulsar una rialla a la manera d'una olla a pressió.

—Ets un bitxo, marquès —va esclafir obertament—. He, he... un mal bitxo, sí. He, he... El cas és que, he, he, que no fa cap gràcia, saps?

—Molt mala pata —va insistir el murri.

—Au va, he, he, calla —l'erudit va fer petar la llengua,

es va fregar la barba i va forçar un canvi de tema—. Per cert, com va el mural aquell?

El marquès va veure que havia trencat el gel, i que tenia via lliure. Estava tot encarrilat, va respondre. Tenia localitzada la paret mitgera, allà a quatre cantonades. I havia aconseguit diners, però no pas del seu fill, no, que era un caguetes. El moro Ahmed, el macarronot aquell de mal record, sí, aquell mateix, ja havia afluixat la mosca. A canvi, només havia demanat que hi sortís un dibuix de la Meca i unes frases de Mahoma, de les cargoladetes, i prou. Ho podia pintar en un racó, no calia que fos a dalt de tot.

—Per cert, tu sabies que la Fermina i el moro...? Que el Moreno, en realitat...? No? No ho sabies? Doncs és el seu pare, Salomó, el moro és el pare del marrec!

—Ah —va regalar-li una mirada cega—. Ja pot ser. Jo, aquestes coses... Ja saps que no m'hi fico mai, jo, en la vida de la gent.

El marquès va deixar el seu amic pel que era, en aquells afers: un perfecte inútil. I es va continuar engrescant amb els preparatius de la seva gran obra pictòrica. Que havia aconseguit un regiment de nois filipins, va assegurar. Estaven detinguts, però havia parlat amb l'inspector del cas, que ho havia arreglat força bé, llevat dels dos sospitosos principals, és clar, que encara eren entre barrots. Que eren culers, tu, els xinets aquells eren del Barça, i uns nois molt trempats... Que s'acabava de trobar el Panasonic, no, el Sonny, el Sonny Colgate, i que també li portaria gent. Tot anava sobre rodes, sí.

—Me n'alegro, de debò. Me n'alegro molt. I em sap greu haver-me burlat de la teva idea. És una gran idea, és un regal de primera per a l'Arnau.

Era el moment de l'abraçada i de la reconciliació. Però cap dels dos homes no tenia inclinació per les mostres d'afecte, i ho van deixar en un encreuament de somriures.

—Em falten uns manetes —va confessar el marquès—.

Algú que sàpiga de paleta, i d'aquestes coses. Per muntar la bastida.

—Bé, sempre podries provar al penja i despenja del carrer Avinyó. Els xinesos, saps? Fan feinetes de lampista, aquells, jo els he cridat més d'una vegada.

—Tens raó. Som-hi.

En la vellesa, podien haver proclamat tots dos, no hi ha res com l'escalf de l'amistat. Ho podien haver fet, però tampoc no calia. Ja ho sabien. El savi Salomó es va animar un poc, i se li va notar la millora en les lliçons que començava a impartir sobre els racons de la ciutat.

—Hauries de pintar alguna cosa de l'època daurada d'Escudellers, saps? Aquí hi va haver de tot, revoltes i genis molt avançats, i no sé si explicar-te...

—No cal —va interrompre l'altre—. En conec això millor que el palmell de la meva mà.

—No, estic parlant dels temps gloriosos de debò, o més ben dit —va corregir—, de quan això era el centre de la ciutat. Amb tots els respectes, eh?

—Ah —el marquès es va ajustar l'americana, mig ofès.

—Doncs no sé si explicar-te que aquí hi va néixer el primer cercle de teixidors... Bé, t'ho explico. La Colla dels Ben Fets, en deien, que van declarar una de les primeres vagues obreres. I precisament allà, al passatge del Rellotge, van instal·lar-hi la primera planxadora de metall. M'explico? Fins aleshores, la gent allisava la roba seient-hi al damunt, t'ho pots imaginar? Va causar sensació, una autèntica sen-sa-ci-ó.

—És clar —va fer l'acompanyant, tement que el mestre tites s'embalés més del compte.

—... i la primera fàbrica de màscares —va assenyalar a la dreta—; i el primer cor de Clavé, l'Euterpe —a l'esquerra—; i Zorrilla hi va escriure el *Don Juan Tenorio*, a casa d'un amic que no sé on parava —va fer un gest indefinit.

—Molt important.

—I tant —va continuar el guia local—. Més avall, tocant a Avinyó, hi havia la redacció del *Cu-cut!*, un setmanari satíric que va ser assaltat pels militars. Un carrer ben radical, podríem dir, oi que m'entens? D'aquí van sortir les Llanceres de la Llibertat a principis del XIX, unes milicianes que anaven armades amb ganivet i llança. El capità general de l'època les va haver de prohibir, i va tallar-los les trenes com a escarment. Un carrer ra-di-cal, sí senyor.

—Sí senyor —l'avi va esbufegar.

—Aquesta era la via comercial per excel·lència, fins que es va inaugurar el carrer de Ferran, és clar. Llavors ja no. Però fins aleshores, això era el rovell de l'ou i el carrer més animat de Barcelona. L'ànima de la vila, per ex-cel-lèn-ci-a.

—L'ànima.

—No sé si explicar-te més coses. Au va, te les explico —el savi va prendre aire—: mira, allà el primer barber, aquí el primer local amb llum de gas, el primer quinqué, que meravellava a la nit; més cap allà, la primera sabateria, i amb aparador! T'imagines, el primer aparador? La gent deia que allò era irreverent, que les sabates semblaven marededéus, exposades a la vista de tothom. I vejam, què més? Ah sí, a la cantonada amb el passatge Escudellers, que ens queda allà al darrere, hi va haver la primera botiga de productes d'importació, que en van dir El Colmado, i d'aquí ve el nom, que es va fer popular a tot arreu. M'entens? Sastres de luxe, barreters, bancs de primera..., això era un empori, marquès, un em-po-ri!

—Collonut, collonut. Oi que és aquí, la botiga dels xinesos?

—Aquí, sí —va retenir el colze de l'amic—. També molts terrissaires, naturalment. Per això en deien el carrer dels Escudellers. I saps el millor? Que els ceramistes, els de la terra d'escudella, van marxar fa més d'un segle, però ara estan tornant. No t'hi has fixat, que han començat a obrir els negocis aquests? És prodigiós, tu, pro-di-gi-ós. Hauríem de recuperar el patró de l'ofici, sant Hipòlit, i l'hauries de ficar al teu mural, crec que s'ho mereix. I oi que no saps per què era el protector dels terrissaires? Oi que no? Doncs perquè el van martiritzar a cops de càntir, vés per on. A cops de càntir. Sant Hi-pò-lit.

—Au, no em maregis més. Entrem.

—D'acord, entesos. Però m'has de prometre que t'ho pensaràs.

—Què t'empatolles?

—Sant Hipòlit, home. Que el posaràs al quadre.

El marquès va sospirar. Va picar amb suavitat la boina d'en Salomó i el va empènyer cap dins.

—No és cap quadre, és un mural. I ja en parlarem, del sant aquest.

La botiga era un supermercat de foteses. Hi havia unes prestatgeries llargues, de mecanotub, plenes d'objectes petits de tots colors. L'espai estava gairebé buit, com sempre, i els dos homes es van preguntar, sense dir-s'ho, de què vivien aquella gent. Al fons, darrere el taulell, hi havia una família sencera, o potser dues, amb avis i pares i nens inclosos. Els va rebre un dependent madur, un personatge amb cara de poma, sorprès de tenir clients. En Silvestre Guillamet li va demanar si feien feines de lampisteria, i l'altre va fer un signe indefinit amb el cap.

—Sí o no? —va insistir el vell.

El xinès va tornar a fer aquell gest mut.

S'hi va posar el Salomó, que li va explicar, mig en signes mig en castellà apatxe, el que necessitaven. Bastida, paletes, pintura, aniversari, aniversari nen. L'encarregat va semblar satisfet de sentir-lo, però es va refugiar en el seu estoïcisme. Aleshores es va tombar, i va arrencar una animada tanda de consultes familiars amb les dones i els avis. Els dos indígenes es van sentir ofesos: si els havien entès, se sentien exclosos de la deliberació; i si no, era impensable que el migrat diàleg intercultural estimulés tanta dissertació entre els xinesos. A la fi, els orientals van triar una nena com a portaveu, i li van fer emetre el dictamen.

—Els meus pares diuen —va pronunciar en un català impecable— que sí, que tenen raó vostès.

—Gràcies —el savi va correspondre, sol·lícit—. Així doncs, podríeu venir a veure la paret, i fer-nos una...

—Quant voleu cobrar? —va irrompre el marquès.

Una altra ronda de deliberacions d'alta volada, i el veredicte inapel·lable de la donzella.

—Vostès necessiten paletes.

—Fins aquí, estem d'acord —l'expolicia—. Bé, quan podreu començar?

Més xerrameca i gravetat confuciana, rematada amb una màxima memorable.

—Quan treballes al carrer, et veu tothom.

—Perdó? Què? —el local no es creia el que sentia—. Que et veu la gent? Recony, i com vols que no et vegi la gent, al carrer! Que potser sou transparents, a casa vostra? M'esteu prenent el pèl, o què? Voleu més diners? És això? —va fer el signe amb els dits—. Més quartos?

—Gràcies, gràcies —va fer la nena, més a mode de comiat que de regateig.

—Fareu la feina, sí o no?

Els adults de la família es van girar d'esquena i van conversar com si la botiga estigués buida. Els menuts, i també una àvia pansida, els van regalar amb uns ulls petits i immòbils. Les venes del coll del marquès es van anar inflant. El mocador de sempre, i la mediació del savi Salomó, van contenir l'esclat fatal.

—Anem, marquès —l'amic va posar la mà a l'esquena—. Ja trobarem algú altre.

—Què collons... —es va encarar al grup—. Ho fareu o no? Sí o no? Us estic parlant, colla d'estaquirots! Em voleu contestar?

Una mosca solitària va tallar el silenci.

—Au, no t'hi encaparris, tu. Deixa-ho córrer.

—Però que no ho veus, que se'ns rifen? Mira-te'l aquell, assegut allà com un gripau —va assenyalar un avi, i l'home va parpellejar—. Que no tens llengua, badoc? Fills de Buda, tots plegats! Això és el que sou, uns fills de Buda!

L'erudit va aconseguir arrossegar el seu amic cap enfora. Va suportar les seves diatribes una bona estona i, amb bones paraules, el va anar sedant. Li va fer comprendre que no s'acabava el món, i que ja buscarien per una altra banda. No quedaria la cosa per fer pels paletes, tampoc.

—És que em treuen de polleguera, els groguets aquests.

—Són d'una altra pasta, marquès —es va apujar les ulleres, senyal que es disposava a canviar de tema—. Per cert, què en penses, del que t'he dit, de sant Hipòlit? És una idea, oi? El podem pintar a qualsevol raconet, amb un parell de càntirs, i aclamat per les Llanceres de la Llibertat, potser...

—No em toquis els pebrots.

—T'ho dic molt seriosament, crec que tindria sentit.

—Vejam —l'avi es va aturar en sec—. Que quedi una cosa ben clara. Aquí hi mano jo, d'acord? Jo decideixo els sants que entren i els que se'n van a prendre pel sac. Entesos?

—Sí, home, no t'ho prenguis així —es va encongir—. Jo només em preguntava si sant Hipòlit, no pas per mi, sinó pel carrer, pel nom del carrer, saps? Vaja, només et plantejava si no creus que, tal vegada...

—Quina barrina de tio —el marquès es va aclarir la veu, va carregar i va escopir fort a terra—. Està bé, hi posarem l'home dels càntirs. Però m'has de donar una satisfacció.

—Ah, bé. Tu manes.

—Digues que no estic boig, que el meu mural no és cap ridiculesa i que passarem a la història.

—El que tu vulguis, home.

—Vull que ho diguis ara, carai! Et vull sentir, vull veure com el savi Salomó em dóna la raó. Ara mateix. Apa vinga, que no tenim tot el temps del món...

—Declaro solemnement que no vas del tot errat.

—La mare que et va parir —va exclamar l'artista de la paret mitgera—. Què vols, que li clavi una coça al teu ceramista celestial? Vols veure'l estimbat a terra, o el vols allà dalt, radiant, entre les llegendes del barri?

El savi es va treure les ulleres, se les va fregar amb la punta de la camisa, que li sobreeixia per sota el jersei, i se les va tornar a ajustar.

—Proclamo... proclamo que el marquès d'Escudellers és un geni, i que no ha perdut el senderi —va vacil·lar—. Sí, això. I també... doncs bé, també dic que el mural serà una gran obra immortal.

—Més.

El marquès va esbossar un somriure. Potser sí, que el seu company tindria el seu sant patró dels pots de fang. I les Bandarres de la Llibertat i tot, podria guanyar, amb trenes i dagues i llances de gala. Però s'ho hauria de treballar.

—Juro que... —el savi va respirar a fons— juro que el present és fill del passat, i que per això el passat no morirà mai, perquè roman en les millors obres. Per això el passat, aviam... el passat, per art i gràcia del teu geni, serà també el futur. I res no s'acabarà, ja que la mort no triomfarà mai del tot.

—Visca! —va cridar en Silvestre Guillamet, prement els punys—. Ets un encant, tros de gamarús, i que bé que parles quan t'hi poses...

—I per Déu, marquès —va afegir l'altre, engrescat—,

has de saber que el teu nét és la criatura més afortunada d'aquest planeta maleït.

L'antic agent municipal, el pintor diletant, el melòman de pega, el patrici més autèntic de la Barcelona ronyosa, va tancar els ulls per gaudir d'aquell instant. Va empassar tot l'aire que li va cabre als pulmons, l'aire pixarrat del carrer d'en Serra, i l'aire fètid d'Obradors, i també l'aire viciat de tot Escudellers. Aleshores va pronunciar, ebri d'emoció i de romanticisme, les paraules més boniques que podien sortir de la seva boca aristocràtica i grollera. Poesia pura al país dels cràpules.

—Quan m'estaven parint —va recitar—, jo plorava i els altres reien. Quan jo mori, els altres ploraran i jo riuré.

La Júlia va haver de marxar a Madrid, amb una delegació molt important, i a l'Esteve li va sortir un informe urgent —un *walking paper*— a la feina. No hi havia ni un sol cangur disponible a tota la ciutat, o no hi havia temps per comprovar-ho, així que no hi va haver altre remei que recórrer als serveis infal·libles de l'avi. En Silvestre Guillamet va insultar per telèfon una mica el fill i la jove, però de seguida va adoptar una ganyota triomfant, i no es va fer pregar. Va anar a recollir l'Arnau, i quan va sentir allò de no facis disbarats pare, no facis disbarats que ja ens coneixem, va desafiar obertament el fill amb un cop de mà despectiu.

—No emprenyis.

—Ja saps u que vull dir, pare. Tinc un *filling*.

—Tu ocupa't de les teves filigranes, noi, que jo em faré càrrec del pinxo.

Avi i nét van agafar el metro fins a Catalunya, i des d'allà van iniciar una passejada gloriosa cap a mar. El marquès d'Escudellers se sentia tan pagat, d'haver recuperat el nano, que va voler fer tots els passos de la processó. A Canaletes, va saludar el Pepe, el darrer representant d'un ofici noble que aniria a la tomba amb ell. Li va plantar la sabata al damunt de la caixa, li va allargar una bona propina i va demanar-li una enllustrada com les d'abans.

—Bé —va fer—, i què tal, Pepe?

—De pena, marquès —va sospirar—. La tirania de les vambes i les xancletes m'està enfonsant el negoci. Ep, no va per tu, eh, noi? —va fer l'ullet a l'Arnau—. Els nanos han de portar vambes, és clar, però és que jo he vist iaios amb bastó, us ho juro, que portaven calçat esportiu. Com si haguessin de fer els cent metres llisos.

—És trempat, oi, el pinxo? —l'avi va clavar un cop de colze al nen.

—I tant —el Pepe l'enllustrador ni se'l va mirar—, un nét sempre ho és, de trempat. Jo en tinc tres, ben menuts, i... Voleu un toc de xarolina, marquès?

—Au va, per qui m'has pres? Que et penses que em mamo el dit?

—No —va riure—. T'ho deia per veure si estaves en forma.

Tothom sabia, tothom que no fos passavolant o gamarús, que allò de la xarolina era una enganyifa. En els bons temps, els enllustradors havien fet l'agost amb aquell producte miraculós, que els turistes pagaven a preu d'or. En realitat, no era altra cosa que aigua bruta.

—Au, llestos.

La parella es va acomiadar del Pepe i va continuar avall. Un cop de cap aquí, una encaixada allà i un gest de la mà més enllà. Quan van arribar a les floristes, les quatre estacions els van somriure. Antigament, les flors eren tan puntuals com el calendari: mimoses i narcisos a l'hivern, gladiols i roses a la primavera, clavells i nards a l'estiu, crisantems a la tardor. D'uns anys ençà, però, tothora hi havia de tot, i diríem que aquell canvi era dels que menys molestaven el marquès, per una raó molt especial. Gràcies als hivernacles i a les cambres frigorífiques, podia rebre clavells a qualsevol època de l'any. Bé, només en els dies assenyalats, però al llarg de tot l'any. Les dones li regalaven la flor, ell se la fixava a la solapa, i pagava amb una reverència. I no cal dir que la companyia de l'Arnau era motiu sobrat per ser obsequiat.

Van arribar al taller. L'expolicia va aixecar la persiana amb un gruny, i es va palpar l'aixella. Després va entrar i va deixar les flors mullades a la barra americana. El noi es va mirar el biscúter. El marquès va consultar el rellotge i va comprovar que encara faltaven dos quarts per a les set. Tot anava de meravella: havia recuperat el pinxo, aviat engegaria la pintura del mural, aquella tarda a les set vindria el negre i les coses començarien a rutllar. Va mirar de cua d'ull els sis retrats dels artistes famosos, que encara eren al descobert, als respectius cavallets, i va pensar que ja els enllestiria si tenia temps, perquè altres prioritats havien de passar davant. Estava engrescat. Estava tan engrescat que va cometre una equivocació de manual.

—El Moreno torna a ser a l'hospital, saps? Diu que...

Encara no havia acabat el comentari i un núvol fosc s'havia instal·lat entre tots dos. El marquès va adonar-se que el nano obria els ulls i alçava les celles. Merda de vell, va dir-se, no saps ni callar quan toca. L'has cagat, l'has cagat, es va repetir. L'Arnau va seure en un banc. Va creuar les cames i els braços en un manyoc, fet un nus. Ja l'has vessat, va repetir-se el vell per dins, ja l'has vessat. I el mal de pit que li feia la guitza.

—Què ha passat? —el nen.

—No res. Allò de sempre, mira...

—Avi —va protestar—. Què té?

Aquells ulls. El nen portava ulleres, però ni amb les ulleres, no descansaven, aquells ulls. Eren nets, aquells ulls.

—Té tos, Arnau —li va tocar el colze—. El teu amic té tos.

El minyó va enretirar el colze i va deixar caure els braços, primer l'un i després l'altre, a banda i banda del cos. Ni en aquella posició simiesca, no descansaven els seus ulls. Va fulminar el seu avantpassat.

—El vull anar a veure.

—No pots —l'avi va endolcir la veu—, no el pots visitar. A més, ens hem de trobar amb el Sonny Colgate, que ens ha d'ajudar amb el teu regal...

Cagada, cagada de nou.

—Els diners del mural els podem donar a l'hospital. Perquè curin el Moreno.

—Ja hi som. De cap manera, Arnau. Ni pensar-ho. Si vols fer d'animeta de la caritat, ven-te els videojocs. O la roba de marca, o la bici de muntanya. O res de res, perquè encara que cobreixis d'or el teu amic, no hi podràs fer res.

—Què vols dir? —els ulls eren ja dos plats, que volien travessar la barrera de les ulleres.

—Res, no vull dir res, collons! —va notar una primera fiblada—. O sí —va contraure la cara—. Vull dir que tu tindràs el teu regal.

—Però avi...

—Calla i mira.

El vell es va treure l'americana i es va alçar la camisa amb una mà nerviüda. Un parell de costelles van fer acte de presència, i l'home va assenyalar una marca que hi havia al solc. Mira, va dir; per això. I la punxada aquella que no cedia. Després va abaixar-se un poc els pantalons, que es resistien a tan innoble acció, i va indicar una cicatriu que tenia allà on començava la galta. Per això, va dir. Quin mal al costat. Aleshores es va arromangar una màniga i amb un dit tremolós va localitzar una altra antiga nafra. També per això, va tornar a dir.

—Sí, ja m'havies ensenyat les marques, però... —l'Arnau es va encongir d'espatlles.

—Per tot això, i per tot allò que m'ha deixat cicatrius a dins, cicatrius que no es veuen, molt més grosses. La meva vida té un sentit, i el sentit de la meva vida em porta al teu mural.

L'avi va haver de seure. El dolor li pujava per la banda esquerra, i hauria jurat que fins i tot les velles màcules ressuscitaven per turmentar-lo. Es va enfundar la camisa de nou i es va cordar el cinturó. Quina llauna de mal. El mal hauria de venir tot de cop i matar-te, i ja està.

—Doncs em vendré la PlayStation.

—Que no, fillet, que els diners no ho són tot. Vull dir —va prémer amb la mà sota l'aixella— que el teu amic és on ha de ser —va fer un gest de congestió—, i que està en les millors mans. Ja li passarà, estigues tranquil.

El noi va enfrontar-se a la mirada continguda del vell, i sense sortir del reialme de la compassió, va passar a abraçar una altra causa perduda, la del seu avi.

—Vols un got d'aigua?

Cony de got d'aigua. La Júlia acabaria per malejar el seu nét. No, no volia cap got d'aigua, ell el que volia era començar d'una vegada la refotuda pintura dels pebrots.

—Ja m'està passant. No t'amoïnis.

Algú va picar a la persiana metàl·lica. Van girar la vista i no van veure res. Van ajustar la mirada i aleshores, del fons de les tenebres, van aparèixer unes dents.

—Aaah, aaah —les dents reien—. El poli vell i el seu jove ajudant, hi, hi, quina gràcia.

El marquès va fer un rebuf per sota el nas, va treure un mocador de la butxaca i es va eixugar el front. Va indicar amb la mà la posició del negre.

—És el Sonny Colgate —va pivotar la mà fins a l'altre costat—; i aquest pinxo és l'Arnau. El meu nét.

—Eeei, passsa, nen...

El Sonny es va acostar al noi i li va allargar la mà. El nano va correspondre, i es va trobar amb l'encaixada de germà negre. Una de palmell, una de puny i una de palmell. I un petar de dits per acabar. L'Arnau va somriure amb els llavis premuts.

El marquès va treure's un objecte de la butxaca i es va començar a ventar la cara. Va inspeccionar la planta del negre. Estava més gras, i tant que ho estava, però no havia perdut la complexió atlètica. A més, el vestit —americana negra amb solapes lluents, pantalons negres, vambes vermelles— li donava una esveltor admirable. Costava veure'l en la fosca, però el que es veia feia goig.

—On són els xicots? —va preguntar l'avi.

—Les xicotes, col·lega, les xicotes, hi, hi. Els boys no saben pintar, aaah, aaah —va obrir la boca, plena de llengua rosada—. No saben pintar, no saben follar, no saben fer res. No confiïs mai en un boy, un boy és un inútil, poli. Aaah, aaah! Ei...! —va acostar els ulls a la mà del marquès—. Però si això és la meva cartera! Porta, porta, la meva cartera estimada...

—Un moment —l'avi va enretirar la mà—. On són les noies?

—Aquí a la vora, xato. Potser. Les dones... —va mirar l'Arnau— les dones no vénen mai a buscar-te, hi, hi... Les has d'anar a trobar, aaah, aaah, hi has d'anar tu mateix! Oi que sí, microbi? Tu en saps molt, de dones, oi nen?

—On tens el cotxe? —va interrompre el vell.

—Aaaah, quina gràcia, el cotxe. Vinga a fer voltes pel Xino amb l'Alfa Romeo, hi, hi, el meu Spider descapotable. Boníssim, sí, potser sí. En una cantonada, i que tots els macarronets hi juguin una estona —va imitar el gest de conduir i de canviar les marxes—. Aaah, té conya el iaio, aaah, aaah... Però digues, que ja no saps caminar, poli?

L'avi Silvestre va esbossar un somriure, i va moure el cap de banda a banda. Després va interpel·lar la cara del Colgate, i tot seguit va fixar-se en l'Arnau, que no es perdia ni un detall. Se'l va mirar, un punt encantat. Em caurà el pèl, va pensar, si m'emporto el pinxo cap allà. Al cau de les putes, per ser més exactes. No m'ho perdonaran mai, si me'n vaig de putes amb ell. Va reflexionar tant com va poder, ben bé una fracció de segon, i en acabat es va alçar a poc a poc, amb les mans a la ronyonada.

—Entesos, som-hi.

—Ei, mestre, hi, hi —va advertir el Sonny—. La meva cartera.

—Sí, suposo que sí.

El marquès va llençar la cartera cap al negre. Aquest la va pescar al vol, la va atrapar amb les dues mans i se la va acostar als llavis.

—Cartera bonica —li va fer un petó—. Hi, hi, cartera estimada —més petons—. Com t'he trobat a faltar, preciosa —un morreig de cinema, acabat en so de ventosa—. Aaah, aaah, la meva cartera!

—Molt bé, Colgate. Quina gràcia. Vés passant.

Va posar els peus en aquell pis de Còdols i se'n va penedir de seguida. Perquè ell, marquès d'Escudellers, antic agent de l'autoritat, pintor d'afició i melòman de distracció, tenia la seva sensibilitat, i aquell pis era una cort de porcs i no feia per als nens. L'Arnau, en canvi, tot just havia passat la porta i ja sabia que allà hi descobriria nous enigmes. L'entrada, plena de sabates i de maletes obertes, era una promesa d'aventura, amb olor d'humanitat i misteris en desordre. Van entrar en una habitació, perquè a tot se n'hi diu habitació, amb un llit que l'omplia de paret a paret, on dormien dues noies despullades. El Sonny va començar a picar cuixes, sense perdre el bon humor, i les cuixes es van començar a desenroscar.

—L'Onitsha, hi, hi... i la Minnie —va anunciar, mentre estirava una noia, i després dues, del jaç superpoblat.

Les noies es van començar a vestir, i ells van passar a una cuina on hi havia, entre els fogons i la nevera, i també sota la taula, més donzelles negres. El Colgate va remenar les flassades i els cartrons per trobar la cara que buscava, i la va localitzar amagada sota una cabellera de trenes amb llacets. Li va pinçar l'orella amb els dits i la va obligar a incorporar-se. La jove es gratava les lleganyes i rondinava en una parla a mig camí de l'insult i alguna altra cosa. Els visitants van entendre que es queixava de l'hora, perquè assenyalava el rellotge, com si encara li toqués dormir una estona més.

—Aaah, aaah, puteta tonta —va dir el Colgate als seus convidats—, es pensa que m'he equivocat. Es queixa que no se li ha acabat el torn, hi, hi. Quina gràcia, el torn, com a les fàbriques, el torn de dormir, aquesta tia és la conya...

Era la Fanta.

A la porta següent, la del lavabo, van ficar-hi el nas per mirar si trobaven la quarta noia. I sí, efectivament, de la banyera en sortien uns peus bruns i perfectes, que contrastaven amb la blancor del bany. El marquès va recordar tantes pensions que havia vist a la postguerra: màrfegues pixades, gent esparracada, diaris per llençols, llits entre runes, cabells al zero, polls, fam, xinxes i mutilats pudents. Creia que tot allò ja no tornaria mai més, i veia que s'equivocava. Casa Jaume, Can Pitojo, la Paloma de València, els llits calents i les cases en runa que s'ensorraven al damunt dels rodamons. Tot allò estava tornant. El Sonny es va acostar als peus emergents, va picar els dits i la noia va treure el cap, el periscopi més preciós que mai s'havia vist en una banyera. La Titola.

—Titola? —va fer l'Arnau, el riure a punt.

—Sí, Titola, hi, hi, Titola. Li haurem de canviar el nom, perquè a Nigèria vol dir flor bonica, però aquí no, oi? Aquí vol dir una altra cosa, oi, nen? Però ella no el vol canviar, hi, hi, n'està molt orgullosa, i diu que si tot el dia toca mindongues, aaah, aaah... Doncs que ja li està bé, aquest nom. Potser.

El Sonny va provar de ficar tothom en una última estança, i quan ja havia començat, es va adonar que l'hauria d'haver buidat abans. Ho va fer, dispensant pessigades a culs, cuixes i pits, i empenyent els cossos sobrants per esmunyir-los, entre els presents, cap als espais que havien quedat lliures. Aleshores es va acomodar en una butaca, va deixar l'altra per a l'avi —un dels braços per al nét—, i al sofà hi va amuntegar les quatre noies. Estaven comprimits en un espai molt reduït, i gairebé es tocaven els genolls.

—Que bones que estan aquestes negretes —va confiar-li el marquès al nano, a cau d'orella—. Molt joves... és clar que en negre no es nota tant.

—Semblen simpàtiques —es va limitar a replicar el nen, envermellit.

—Sí, tenen un clauet simpàtic —va pontificar el vell— i juraria que no fan pudor de res, ni de cony remullat ni de res. Si tingués vint anys menys, pinxo, t'asseguro que...

L'Arnau estava en aquella edat en què les femelles provoquen, més enllà del desig o l'atracció, o fins i tot de la repulsa, una gran vergonya. Els xats que feia a l'ordinador eren amb nois, i és clar que parlaven de nenes, però mai no parlaven amb les nenes. Tot s'acabava sabent, és clar, si a aquella li agradava aquell o l'altre, encara que sempre a través d'intermediaris, de germans o cosins. La diferència de gènere feia respecte, entre altres coses perquè les noies sempre eren més llestes, més aplicades i treien notes millors. «He tret la millor nota dels nens», havia dit el noi en més d'una ocasió «... gairebé tan bona com les nenes». Estava en aquella edat tan lamentable en què els complexos s'amagaven amb el físic, amb els esports, les batusses o les bretolades.

—Aquí les tens, iaio —va afirmar el Sonny—. L'Onitsha, la Minnie, la Fanta i la Titola. Són totes teves, hi, hi. T'aconsello que no vulguis sucar, eh? Aaah, aaah, aquí davant del nen no quedaria bé. I estan totes infectades, quina gràcia, tan jovenetes i ja estan podrides, oi?

—Molt graciós, i tant —el marquès es va ajustar el mocador, i es va adreçar a les noies—. Mireu, vull fer un regal al nen, l'Arnau, i he decidit que pintaria un mural en un gran mur que es troba a...

Quatre rostres com quatre tàpies.

—No t'entendran, poli —va avisar el Colgate, acompanyant-se amb la mà—. Són de ciutat, eh, tenen estudis i això, són de la ciutat de Benín... iorubes, com jo. Potser en ioruba millor. Saps parlar ioruba, marquès? O anglès, potser anglès.

—A mi m'entén tothom —l'avi es va aclarir la veu—. Mireu noies, hauríeu d'omplir un pany de paret, això, ja concretaríem el tema...

Quatre poemes somnolents. Les noies feia poques setmanes que eren a la ciutat. Havien travessat el desert, s'havien embarcat en una llanxa, havien arribat a les costes d'Andalusia, les havien portat d'estranquis a Barcelona i s'havien quedat sense passaport. Tot just havien començat a pagar la seva llibertat, sota la vigilància de Sonny Colgate, i encara no havien tingut temps de preguntar en quin país es trobaven. Més que un problema d'idioma, es tractava d'un abisme de dimensions planetàries. El marquès provava de salvar l'abisme amb les seves explicacions, però estava clar que no se'n sortia.

—La mare que et va parir, Sonny —va exclamar el vell—. Vols fer el favor d'ajudar-me? Que no recordes, el que va passar fa quinze o vint anys? M'ho deus, m'ho deus a mi, i a la Coixa...

—Hi, hi, tu saps la broma aquella que corria, de la Coixa?

—Me la veig venir, no cal...

—Mira —al nen—, tu saps per què és coixa només d'una cama? Doncs, hi, hi, perquè si ho fos de totes dues, hi, hi, cauria de cul! Hi, hi, aah, aaah!

—Molt graciós, tros de llufa —va intervenir el marquès—. Però estàs en deute, repeteixo.

—Potser, hi, hi —va mostrar una calaixera de dents perfectes—. I no tinc més feina que aquesta, aaah, aaah! Quin fart de riure, pagar un deute a una esguerrada, un vell i un microbi. Hi, hi, potser sí, i que algú me la mami sencera, tu. Que bo, el tio aquest, el poli. Potser, poli, potser.

—Ni potser ni un rave. Va ser culpa teva, orellut.

—Potser, hi, hi... Però hauré de marxar, eh? Tinc un negoci de mòbils que m'espera. Res important, uns quants milions, hi, hi. Quina gràcia.

L'africà va arrencar amb una narració ràpida i expressiva. Si es feia cas dels gestos, s'entenia que estava descrivint prou bé la situació. Un avi, un nét, un regal; una paret alta, uns dibuixos, una brotxa que pintava; elles quatre, l'Onitsha, la Minnie, la Fanta i la Titola, fent dibuixos a la paret...

El marquès va deixar fer, i va provar de retrocedir al Sonny dels anys vuitanta, a aquell jove pelut amb boina de colors que rondava les cantonades més actives del Xino. Per recordar-lo, s'havia de concentrar en les dents i en la rialla crònica. En aquella època, el Colgate era un més d'entre una colla d'africans que s'estrenaven en el comerç il·lícit. Havien arribat sense entendre ni gota de català o castellà, però eren molt hàbils: amagaven les paperines de cavall als cotxes aparcats, als portals o als raconets de qualsevol bar. Quan els clients eren noies, subministraven els sobrets a la calenta, o sigui de boca a boca, i sovint si eren homes també. El poli n'havia enxampat més d'un in fraganti, però no hi havia res a fer, perquè engolien avall la mercaderia, i és clar, no hi havia càstigs per morrejar-se en la via pública. Quan deixaven anar els traficants, sabien que aquests es prenien un laxant i treien el producte intacte. Del seu recte anava a parar, una mica esbandit, a la boca d'algun ionqui.

Els prínceps negres, en deien, del Sonny Colgate i els seus. Un vespre glaçat d'un mes de febrer, aquella particular aristocràcia morena va viure la seva hora categòrica. La mort de cinc joves, la majoria gitanos, va ser el tret de sortida: els clans van declarar la guerra als africans, i va començar una autèntica caça al negre amb bastons, navalles i pistoles. El moro Ahmed, que estava conxorxat amb els gitanos, va llençar els seus rufians al carrer. Els avalots es van estendre i, com sempre, van acabar rebent els que no pertanyien a cap dels dos bàndols, ni als negres ni als bruns. Un noi va morir a cops de matxet, i un pobre home que no hi tenia res a veure va ser degollat al portal de casa, mentre la dona i els fills xisclaven des del balcó. Els veïns van perdre la paciència: van ocupar el carrer, van reclamar accions i van organitzar patrulles espontànies. Tan extrema era la situació que la policia nacional i la guàrdia urbana, eterns rivals en la lliga de la seguretat pública, es van veure obligats a entendre's. I un dia, a l'hora foscant, les forces de l'ordre van desplegar-se pel barri com si de les platges de Normandia es tractés.

—Avi, avi...

El nano li picava la mà.

—Què passa? —el marquès va haver de salvar gairebé vint anys.

—Aaah, aaah, el vell s'ha penjat als núvols! Desperta, poli, les noies faran el que tu els diguis, però volen ordres. Te'n recordes, de donar ordres? Quina gràcia, hi, hi. Potser estaves als núvols, eh?

—Vejam, hmmm —es va aplanar els cabells, tot incorporant-se a la butaca—. Quan estigui llesta la bastida, us avisaré.

—Aaah, és collonut, aquest marquès dels nassos! Quin fenomen! No ho entens, col·lega. Volen saber què han de pintar, això volen. M'entens, cowboy? Els dibuixos, volen saber quins dibuixos...

—Ah. D'acord.

—Uf, quin fart de riure. No m'ho havia passat tan bé des de... Des de... Hi, hi, des de mai, diria jo, aaah, aaah! És millor que una llepada, això... La conya, la conya —de sobte, va fer petar la llengua i es va aixecar—... Bé, germans, em sap greu, però jo piro. Que us ho passeu bé, mestres... Hi, hi, hi, té conya, l'avi. I tu, nen, tu no et passis amb les noies, eh? —va pessigar-li el nas a l'Arnau—; pinxo, més que pinxo, recorda que el Sonny sempre està a l'aguait!

Va dir alguna cosa a les joves, i la seva rialla va desaparèixer pis enllà. Va clavar un cop de porta i encara es va sentir, una estona, la hiena africana que baixava per les escales. El sextet va romandre un temps en silenci, apamant-se els uns als altres i sense saber què fer. El vell es va encongir d'espatlles.

—Bé, i ara què?

—Avi —va saltar el noi—. Vols que tradueixi jo?

—Que parles el geperuba aquest?

—No, no et passis —va riure—, però puc provar-ho en anglès, a l'escola fem classes d'anglès.

—Coi de nen! —va exclamar el marquès—. Haver-ho dit abans, home... Au, provem-ho. Digues que haurien de pintar-se elles mateixes, allà al mural.

L'Arnau ho va intentar, i va funcionar. A poc a poc, repetint les coses, però va funcionar. Les noies estaven encantades amb el seu intèrpret, i es van desinhibir. Van fer anar les mans d'aquí cap allà, van riure de gust i van picar l'ullet més d'un cop.

—Diuen que moltes gràcies, però que no hi han de sortir elles, diuen. Em sembla que prefereixen alguna cosa del seu país, uns sants o no sé què.

—Ah —l'home es va gratar el nas—. No és el que jo havia previst. Però en podem parlar. Aviam, pregunta'ls quina espècie de sants són, els seus.

Es referien a uns herois negres de casa seva, una mena d'àngels o soldats que en deien orixàs —van repetir la paraula un munt de vegades—, i que tenien poders. Elles eren cristianes, sí, però també creien en els orixàs aquells. N'hi havia un que feia la pluja i els trons, l'altre que era l'amo de la guerra, l'altre que feia créixer les plantes del camp...

—Com uns superherois de la tele —va aclarir el nen.

—Psssí, ja ho he pescat, els sants patrons, diguéssim...

L'Arnau es va col·locar a la punta del braç de la butaca, i va parar les orelles. Les rondalles dels orixàs famosos li van semblar fabuloses, i no entenia per què ningú no n'hi havia parlat abans, de tot allò. Al cap de poc, el nét estava embarcat en un interrogatori mitològic de primera magnitud, i l'avi s'havia retirat a un discret estat de reflexió, vint anys enrere. Merda, tot havia estat culpa del Sonny, en aquella ocasió. Bé, no tot, però sense ell les coses no s'haurien torçat d'aquella manera. Perquè el bandarra, quan es va trobar acorralat pels moros, no va trobar res millor a fer que denunciar la Fermina. La puta aquella, va dir als homes de l'Ahmed, era la responsable de tot el xivarri. Que si la noia era una confident, que si tenia un amic policia, el marquès, que si li xerrava els secrets de tothom i que si la batuda es feia perquè ella ho havia provocat.

El brètol del Colgate havia salvat la pell, i la Coixa —bé, encara no era coixa, de cap de les dues cames—, la futura Coixa, s'havia convertit en el boc expiatori. L'agent municipal era a la rereguarda, ja que l'escombrada en si era cosa dels policies més joves. Ell estava amb els oficials de més edat, tancant bars i barres americanes. Algú li va fer arribar la brama que corria sobre la Fermina, i no s'ho va pensar dos cops. Va abandonar el deure i va córrer a localitzar la seva amiga. Sabia que potser l'expedientarien, però tant li fotia. Va córrer i córrer, la mà a la pistolera, fins que va enxampar el Sonny en una pensió de mala mort. Va estar a punt de fer saltar un parell d'aquelles dents tan blanques, però no va caldre: el negre va cantar, li va dir que la Fermina era en poder del moro Ahmed. L'havien segrestat, diguéssim. No sabia on la tenia, només sabia que la tenia. Va deixar el Colgate a terra i va baixar al carrer, i cap amunt i cap avall. Fins que es va trobar un company del cos, que li va dir que el buscaven per la ràdio.

No en va fer cas, perquè per al marquès era més forta la fidelitat que la disciplina. Mai no s'hauria imaginat que el cridaven per una altra urgència, una desgràcia que no tenia res a veure amb el seu deure com a representant de l'ordre. Un altre infortuni que tenia a veure, també, amb les seves lleialtats. Maleïda coincidència. Aquell dia, algú s'havia conjurat per posar a prova la seva enteresa, el seu seny, la seva dignitat. Mal dia, mal dia aquell. La ciutat esvalotada i ell, ell...

—Avi, avi, estàs roncant!

El nét el mirava amb una ganyota divertida. Les quatre noies havien deixat les explicacions i compartien rialletes.

—Recony, mmm —el marquès es va redreçar—. No, això, ehem —es va aclarir la veu—. Estem entesos, oi?

—Sí, i tant, no ho has sentit? —a l'Arnau li brillaven els ulls—. Diu que pintaran la deessa Oxun, que regna sobre les aigües i els amors. La dona de Xangó; i Xangó també hi sortirà, perquè és ell qui mana els trons i els llamps, amb la seva doble destral. I també aquell, com en diuen...

—Ah, molt bé. Ja els trobarem un raconet. Au, marxem.

El vell es va alçar, vacil·lant de somnolència, i el nano va adreçar una arronsada d'espatlles a les noies. Aquestes també es van aixecar, i van dedicar-se a tocar el noi. Un pessic a la galta, uns copets a l'espatlla, i de seguida van passar a majors. Totes quatre, primer una i després l'altra i l'altra i també l'altra, van abraçar l'Arnau i li van fer uns petons ben sonors a la galta. Bé, en realitat la darrera, la Fanta, el va besar als morros. El noi va sentir una escalfor que li pujava fins a les galtes i va haver de fer mitja volta. Es va entrebancar amb les maletes de l'entrada i va baixar en un inapel·lable estat de levitació. Havia crescut deu anys de cop, s'havia fet gran. Fins al punt que, quan baixava els graons, es va sentir amb l'obligació d'acotar el cap, com feien tots els joves espigats en les escales estretes del barri.

L'Esteve es va enutjar molt, quan va saber que el nen havia anat a fer tractes amb unes putes negres. Va fer declaracions solemnes per telèfon, va comunicar a l'avi que haurien de prendre mesures dràstiques i després no va fer res. La Júlia va tornar de Madrid, va consumir tres paquets de tabac en una tarda i després va castigar el nano sense sortir de casa durant dos mesos. Ella no va parlar amb el marquès, però sí que va prendre decisions: el vell ja no acompanyaria més el noi a l'escola, ho farien ella mateixa i l'Esteve. Al cap de tres dies, en veure que no s'ho podien combinar de cap manera, va llogar una cangur dominicana. I va demanar hora al psicòleg infantil.

En Silvestre Guillamet ho va encaixar amb esportivitat. No va pronunciar més renecs dels estrictament necessaris, i es va centrar en la feina. Tenia potser una dotzena de persones disposades a ajudar-lo, tenia els diners i tenia els materials. Era l'hora de posar-se en marxa. Encara no havia aconseguit els paletes per muntar la bastida i fer els arranjaments, però el temps se li tirava al damunt. Un matí va decidir fer un cop d'ull a la paret, determinat a engegar com fos l'obra l'endemà, i de camí es va trobar el savi Salomó. En un tres i no res es van plantar davant de l'indret elegit.

—Peti qui peti —va proclamar el promotor de l'obra—; això es comença a moure demà mateix.

—Vols dir, marquès?

El savi observava aquell mur despullat i alt, i la pila de tubs amuntegats a terra. El món de la construcció sempre havia estat un misteri, per a ell. El muntatge d'una simple bastida li semblava una obra d'enginyeria major. Però l'altre desbordava confiança pels quatre costats.

—No hauria de ser tan complicat —l'avi es va retocar el mocador—. S'agafen els tubs, s'empalmen, la gent s'enfila i au, a pintar.

—I si s'enfonsa l'invent? Et cauria el pèl... —el savi es va alçar la gorra per gratar-se la closca—. Això em recorda aquella placa que hi ha a la placeta del Pi, que commemora la història d'un vicari tan gras que, quan va practicar la passarel·la per veure les obres de la basílica, va provocar un esfondrament que...

—Aguantarà. T'ho juro pels meus collons. Ja me'n cuidaré jo, que aguanti. Reuniré els nanos filipins, els malfactors aquests, i els faré treballar fi. O els moros ganduls, o les meuques negres del Colgate, o qui convingui. Els dreçaré a cops de fuet, si cal.

—Ah sí. L'exèrcit del Sant Esperit, un de manc, un de coix i un altre de tolit. I no et descuidis els grillons. Quin individu. Saps? Ja té delicte, ja, que un racista com tu hagi de confiar la seva sort a aquesta gent.

—Racista? Pot ser, no et dic que no. Mira —va alçar el dit—; un dia em vaig ensopegar un negret que em demanava diners. Jo li vaig dir que ni parlar-ne, que els quartos costaven molt de guanyar. Ell va començar a cridar i a acusarme de racista. Collonut, vaig pensar. Doncs mira, escolta'm bé —va portar-se el dit al front—. Si per deixar de ser racista he d'anar malgastant els meus estalvis amb els morenos i els sudaques de tot el món, si això és el que haig de fer, doncs mira, jo sóc un maleït racista.

—Home, si ho planteges així, ho devem ser tots, qui més qui menys...

—Doncs ja està.

Els dos homes van anar tirant. El Salomó va aprofitar per comentar que el tema del pis el veia millor, que havia anat a l'ajuntament, havia fet una instància i tenia esperances de salvar-lo. L'altre no es va dignar ni a entrar en la conversa. Tenia afers més destacats i més urgents al cap que l'absurda paperassa oficial del seu amic. Problemes com aquell es resolien fent soroll i trencant-li la cara a algú, no pas amb instàncies, no pagava la pena perdre-hi ni un minut. Va començar a cavil·lar, doncs, sobre la gran operació de l'endemà: hauria d'avisar les filipines, i l'Ahmed, i també el murri del Sonny. I havia de fer un darrer intent per trobar algun manetes.

Van passar pel portal de la Coixa, i van decidir fer un truc per veure si hi era. Per veure com es trobava el menut. La dona vivia en una porteria, a peu pla, i no tenia timbre. Calia fer crits des del carrer. Normalment funcionava, però en aquella ocasió no va treure el cap. Devia ser a l'hospital, van pensar. Ja tornarien l'endemà i l'avisarien que havia arribat el gran dia. Van fer mitja volta i aleshores, al capdavall del carrer, van clissar la seva miserable figura. Avançava amb més dificultat del que era habitual. La van anar a trobar.

—Fermina —va saltar el savi—. Aquest sonat diu que demà ja agafa la brotxa i comença a crear la seva Capella Sixtina, t'ho pots creure?

El marquès va endevinar alguna fatalitat en la cara de l'amiga.

—Què et passa?

—Vaig a buscar els papers.

—Ah, és clar —tots dos alhora—. Quins papers?

—Del Moreno, pobret meu.

El cel es va tornar de plom. De les Drassanes a la Ribera, de Canaletes a la Mercè, va caure el teló damunt la Barcelona vella. Els dos ancians es van quedar sense veu.

—Li han de fer el certificat de definició. I em demanen papers, i jo no sé, jo no sé...

Els homes la van abraçar i la van portar, gairebé sense deixar-la tocar terra, a casa seva.

—I com... com ha estat? —va fer el savi.

—Ja no hi és, el meu Moreno —va xuclar amunt—... i jo no hi entenc, de papers.

—Dona, ja els trobarem —el marquès—. Seu aquí, Fermina.

—El meu nen bonic.

Home, bonic, bonic..., va pensar el vell, però de seguida va corregir el mal pensament i va sacsejar el cap. Havia mort un nen, un nen com l'Arnau. O no ben bé com l'Arnau, però igual de nen. Merda de món, merda de vida, merda de tot.

—Què t'han dit, els metges? —va ploriquejar el savi.

—Complicacions, diuen. Però és la malaltia, segur, culpa meva. Una bronca demònia, han dit. Culpa meva.

El marquès va deixar de mirar la Fermina i aquell tel que cobria els seus ulls. No podia suportar la humitat als ulls, la humitat de la injustícia i la humitat dels menuts que marxaven de la terra abans d'hora. Era contra natura, allò no hi havia qui ho suportés. Pobra Coixa, pobra amiga. Pobra puta desgraciada. Què li podia passar de pitjor? Déu, què li podia passar a aquella dona? Res, no hi havia res més dur que allò. Ni que es quedés coixa de les dues cames, no, no hi havia res pitjor que veure morir un nen. El propi.

# Nelson el Potiner

No ha vingut, el poca-solta del moro.

—És cert, però se les ha gastat —va admetre el savi Salomó en veu baixa, mentre admirava el nínxol.

La caixa era de fusta noble, amb un crucifix lluent i gros que només podia haver triat un infidel, perquè era massa llampant per a qualsevol postmodern de cultura judeocristiana. I el cotxe fúnebre... El cotxe era de bandera, tot ell negre galvanitzat i llarg com una eternitat. Les corones de flors pretenien evocar una primavera que el pobre difunt no havia viscut mai. I el nínxol es trobava al quart pis, en un lloc preferent del cementiri de Montjuïc, des d'on s'albirava el port, la mar infinita i, els dies clars, deien, les muntanyes de Mallorca. Comparat amb la fossa comuna, allò era d'un luxe oriental.

Repenjada a terra, es veia la làpida que havia de tancar el forat, amb un nom que ningú no hauria relacionat amb el malaguanyat Moreno.

—Dimoni, ni el Moreno, no hi és.

L'observació podia resultar de mal gust, si no fos perquè, més enllà de l'obvietat que cap persona no té el privilegi de viure el propi funeral, era clar que el record del nen no quedava prou ben immortalitzat al marbre. El Moreno era el Moreno, des de sempre, i ho seria per sempre més en el seu repòs celestial. En no-sé-què-Sànchez-no-sé-què no era ningú. De fet, l'enterrament era un d'aquells esdeveniments que brillen més per la gent que hi falta que no pas per la que hi ha assistit. A part del suposat protagonista, és clar, i de son pare, tampoc no hi eren presents les antigues companyes d'ofici de la Coixa, les que encara s'aguantaven dretes. Ni els companys d'escola del noi, ni la gent del barri, ni el Sonny Colgate ni les filipines ni, sobretot, l'Arnau. Només la parella de sempre, els dos vells que escortaven la mare de la criatura com dues ombres fidels. Bé, i els del ram de la mort, però cal advertir que aquells cobraven per ser-hi.

—Mana?

El marquès va haver d'acostar l'orella als llavis de la Fermina, que no plorava, però que pràcticament havia perdut la veu.

—Mitja vida equivocant-me —va murmurar la dona—; i l'altra mitja penedint-me dels errors.

L'home, que no va voler abonar el fons d'aquell comentari, li va donar dos copets a l'esquena. Que la Coixa havia comès molts errors, allò era tan cert com que, en les relacions humanes, un i una fan tres. Que se'n podia penedir, allò no sorprenia ningú. Però, de quin error estava parlant, exactament? Del seu fill, de la relació amb l'Ahmed, de la prostitució, de què? L'expolicia no va demanar detalls, a la vista de la condició lamentable de l'afectada, ni tampoc no va reproduir la frase per al savi Salomó. Es va limitar a emetre per dins el seu veredicte privat, resumint tota una vida en un aforisme trist. A saber; que la Coixa, ben pensat, havia vingut al món amb la missió d'encadenar calamitats.

En Silvestre Guillamet no estava blindat contra el dolor dels altres. Però n'havia vist molt, de mal, i en hores d'infortuni creixia notablement. Perdia el nervi rabiüt, oblidava els renecs més forts, guanyava en aplom i sabia captenir-se. Allà al cementiri, complia el seu paper amb elegància. Callava, en mostra de respecte, i es guardava, davant el patiment suprem, les seves impertinències. Era en ocasions com aquella que demostrava ser un home de món, perquè estava clar que no li faltava profunditat, sinó només latitud i longitud. Quan convenia, sabia empassar-se els disgustos.

Un clar motiu de disgust era l'absència de l'Arnau. El pinxo no havia pogut anar a acomiadar el seu amic, per culpa dels pares, i la desolació del nano revoltava qualsevol esperit compassiu. El marquès tenia raons sobrades per irritar-se, però se les desava al cos, perquè la Fermina, pobra noia, prou pena tenia. Ara bé, allò de l'Esteve i la Júlia no tenia perdó del cel, n'hi havia per llogar-hi cadires. Que l'amenacessin de retirar-li la paga i el pis tant li fotia, endavant, ell ja se'n sortiria tot sol. Que li prohibissin de veure el nét ja feia més mal, però estava segur que trobaria la manera de trencar la privació. Ara, que el tractessin de mal avi, a ell que hauria mort i hauria matat pel nen, a ell que no estimava res més a la terra, a ell que tenia aquell nano per religió...

Què volia dir, que estava convertint l'Arnau en un nen tinyós i afligit? Que l'estava ficant en una gàbia plena de misèria i mala vida? Que el nen s'estava enrocant en un món tancat? Enrocant! Com les cabres, roques amunt, o què? Quan aprendrien a parlar clar, aquell parell? I per món tancat, el d'ells, sempre amb paraules llepades que servien per no adonar-se del que passava al carrer! Li estaven espatllant el nano, cony, l'estaven esguerrant a força de *brainstormings* i de programes multitransversals i de polítiques sostenibles. Per política sostenible, la que necessitava la Júlia, la jove, que quan sortia de nit arrossegava les mamelles per terra.

Ho va callar tot, és clar. No era el moment. Es va aclarir la gola al costat de la seva amiga i va resseguir els operaris que pujaven el taüt fins al forat. Quina porqueria de món, deia aquella caixa. Quina porqueria de món, deia el cel carregat de plom i els ocells que xisclaven. Quina porqueria, deien les ulleres polsegoses del savi Salomó. Quina porqueria, deia el perfil de la Fermina, cada cop més encongit. Fins i tot ho deia el savi Salomó.

—Quina porqueria —va sentenciar l'amic.

Quina porqueria que just quan el savi es va treure la boina per gratar-se la closca, just en aquell precís instant, mireu com n'és d'indecorosa la casualitat, se li va estampar a la calba una cagarada de colom. La indecència li va regalimar per la muntura de les ulleres i se li va dispersar entre els pèls mal resolts de la barba. El marquès va deixar anar una bufada, es va procurar el mocador, li va llevar les ulleres a l'amic i va esbandir-li aquell regal del cel. Mentre els operaris empenyien la caixa dins del forat, ells dos s'entretenien a reparar el sinistre. En acabat, el savi es va cobrir el cap, els paletes van aplicar ciment a les vores del nínxol, el marquès va acabar de fregar les ulleres i les va allargar a l'amic. L'home se les va calçar i va arronsar el nas.

—Avui no hauríem de ser aquí —va insistir, tot espiant els núvols amb desconfiança.

Però el marquès ja no hi era, allà; era molt lluny, era a quinze anys de distància, en un altre decés. Es trobava en el moment precís en què havia passat de ser el marquès respectat, el poli que patrullava i posava ordre a la ciutat baixa, l'artista a l'ombra, l'autoritat venerada fins i tot pel fill, a ser una porqueria. Ell s'havia encapritxat a fer de príncep salvador de la Fermina, amb uns resultats que estaven a la vista de tothom, i havia perdut el millor que tenia. Havia desertat la batuda policial, abdicant del seu deure; s'havia despenjat amb una missió heroica de pa sucat amb oli; havia desatès l'avís que arribava per ràdio, i havia obtingut ben poca cosa. Si com a mínim hagués fet cas d'aquell missatge, hauria sabut que no el cridaven els seus superiors, o encara no, i que el reclamaven per fer front a una desgràcia major.

Aquell dia malaurat, acabada la seva missió quixotesca, o més ben dit mal acabada la seva missió, com corresponia a un cavaller de la seva reputació, el marquès d'Escudellers havia tornat cap a casa. Havia passat tota una nit de despropòsits, entre l'operació policial i la seva íntima i entranyable campanya contra la maldat humana. En lloc d'anar directament al caliu domèstic, l'home va optar per fer una passada per la parròquia de Santa Mònica, on treballava l'esposa a títol voluntari. A l'oficina del dispensari no hi era, cosa que estranyava tant els companys de feina com el marit, ja que la Mercè solia ser d'una puntualitat escandinava. Va picar totes les portes de l'edifici, totes obertes a les modalitats més nobles i diverses de la filantropia: l'Associació dels Portadors de Pal·lis, l'Administració de Menjadors Públics, la Germandat dels Macarens, Alcohòlics Anònims i la Germandat del Jesús del Gran Poder. La Mercè no havia comparegut a cap d'aquells estimables negociats de l'ànima.

Un dels paletes, un d'aquells indis sud-americans prou menuts per ficar-se a tot arreu, va col·locar la làpida del Moreno a lloc i la va pressionar amb les mans. Aleshores va agafar l'espàtula i va picar el marbre, per arrodonir l'encaix, però amb tan mala traça que va esquerdar l'invent. El marquès va davallar del seu purgatori una fracció de segon, amb l'única intenció d'emetre el seu judici.

—Sapastre de sudaca.

Allò li havia semblat alarmant de debò. Allò de la Mercè, és clar. El marquès podia canviar cent vegades de rumb, podia passar de la bronca a la broma en cosa de segons, podia estar un dia i una nit sencers sense tastar el llit de casa, i no se'n sorprenia ningú. Però la Mercè no, la Mercè no podia arribar ni dos minuts tard a les seves obligacions altruistes, perquè ella no estava feta de la mateixa pasta. El marquès havia apressat el pas, encara uniformat, i havia travessat la Rambla tot acaronant la funda de la pistola. Havia succeït alguna cosa, alguna cosa greu, i l'home anava dient Mercè no te'n vagis, Mercè no em deixis, no te'n vagis, ara no, Mercè no m'ho facis, Mercè tu no te'n pots anar, tu no.

I bé, com hi ha món que se'n va anar. Quan el marquès va arribar a casa, va trobar el fill amb una cara que li arribava als peus, perquè ja no hi era. Ja no hi era, ni la dona de l'un ni la mare de l'altre, i a partir d'allà tot va canviar. D'acord que eren anys de canvis dramàtics, aquells. La democràcia i els seus malentesos, la droga i els seus morts, la llibertat i els seus abusos, el Xino ferit de mort, Escudellers revolucionat, la plaça Reial i la Rambla en peu de guerra... Entesos, no va ser una època fàcil. Però el principal culpable del desastre va ser ell, i no pas l'època. Ell que no sabia acabar ni un matrimoni, ni una feina, ni una responsabilitat. Ell que va perdre l'ofici, el benefici i la dona. Ell que no tindria ni una jubilació digna i que hauria de viure de la caritat del fill. Ell que mai no sabia posar l'última pinzellada a un miserable quadre, i encara menys al quadre de la vida.

El capellà va fer el darrer respons, la cerimònia es va donar per tancada, i els operaris van començar a recollir. El marquès va deixar la Fermina en mans del savi, que era com deixar un ocell ferit entre els toms del costumari de l'Amades, i es va atansar a l'obrer que repassava les eines.

—Tu creus que hi ha dret? —va assenyalar la làpida esquerdada.

—Ai, senyor, ja té raó, senyor. Tan petitet, pobret. Però segur que el bon Déu se'n cuidarà, del ninet.

L'home parlava, o més ben dit gemegava, la llengua castellana. I malgrat usar un idioma que el marquès entenia a la perfecció, aquell ésser era arribat d'un altre planeta. D'un planeta on tot era diminutiu, tot era barbamec, tot s'acompanyava de mitja reverència, tot era sí senyor, tot era respectuós, tot era a tocar de Déu omnipotent i molt, molt remot de la resta dels mortals. Ho admetia sense parpellejar, gairebé sense moure aquella desfilada de formigues que tenia per bigoti i aquella cueta que rematava el seu clatell. El vell va tornar-hi.

—Sou uns potiners.

L'operari va obrir uns ulls negres, més negres i pregons que les valls andines, i va correspondre sense parpellejar.

—Ah, putinero —l'extraterrestre va avortar un somriure—. Nelson, senyor. Com vostè vulgui. Nelson putinerito, senyor, per servir-lo a vostè.

El manobre li va allargar una mà rabassuda i esquitxada de ciment. El marquès va encaixar amb indolència. Va sospirar i va fer petar la llengua.

—Arreplegats.

—Sí senyor, és clar senyor. Tots som fillets de Déu... —va avortar un segon somriure—, però Déu proveirà.

L'encimentador es va treure una targeta de la butxaca i la va donar a l'avi. Allà no hi deia ni potiner, ni paleta ni arreplegat ni res. Hi deia Nelson tal, i oferia un telèfon mòbil, per a feinetes de tota mena. També al·ludia a Jesús, que segons la targeta ajudava el desvalgut i mostrava el camí de l'amor. El paleta va explicar que s'havia quedat sense feina, a pesar de Nostre Senyor i del nen Jesuset, i que estava disponible per a qualsevol ànima bondadosa que requerís els seus serveis. El marquès va contemplar la targeta a una distància exagerada, i amb la mà lliure es va gratar la barbeta. Com s'havien de veure. Quin desastre de gent. Llavors va fer una ullada a la Coixa i el savi, muts i junts, tots dos compartint la seva insignificança, la seva falta de sentit, els seus deserts solitaris. I va caçar al vol l'esperança, servida pel pitjor dels missatgers.

—Cony, i per què no? —va raonar en veu alta—. La

suma de molts desastres pot portar a un gran èxit... Mira, potiner, tu i jo —va armar-se d'autoritat—, tu i jo haurem de parlar.

L'altre va afinar el somriure.

El mercat de Santa Caterina havia quedat preciós, les coses com són. El sostre ondulant, entapissat de rajoleta de colors, feia gastar rodets sencers als turistes. Tot tenia un aire polit i modern, que era el que s'esqueia a una metròpoli que aspira a sortir als fulletons de mig món. El nou mercat era allò que se'n diu, en termes d'arquitectura d'avantguarda, un error bonic. Perquè si bé el recinte mereixia tots els premis de disseny imaginables, també era cert que s'havia cobrat el seu preu en or. Un preu que no es podia calcular tant a càrrec de les arques públiques, sinó sobretot en costos humans. El barri s'havia convertit, al llarg dels anys que havia trigat a emergir aquella meravella, en el paisatge de després de la batalla.

El marquès va anar comprovant, amb la boca oberta, com s'havia arribat a buidar la zona. No quedava ni un sol olivaire, ni un sol bacallaner, ni un sol venedor de llegums cuits. Feia temps que no passava per allà, i badava a la manera dels vells, menys sorprès per les novetats que per l'extinció d'espècies antigues. D'una banda, tornava a flairar aquella satisfacció tan íntima, i tan malsana alhora, de saber que res no s'aguantava com s'aguantava el seu territori d'Escudellers. De l'altra, però, entenia prou que aquella conspiració d'arquitectes, buròcrates, turistes i indocumentats, aquella conxorxa tèrbola per trinxar els barris de sempre, tot just havia començat, i que tard o d'hora acabaria per esquitxar el seu marquesat.

—Aquesta ciutat és una puta —va jutjar en un murmuri, tot allisant-se els cabells—. Tothom s'hi veu amb dret.

Una puta barata, és el que és, i amb perdó de la Coixa, que és una gran persona.

Va trencar cap a mar, es va allunyar de la desolació i, abans d'arribar al rovell de l'ou, ja el van assaltar els ritmes antillans. Entre salsa, merengues i mambos que es trepitjaven, va acostar-se a un món nou i marcat, aquest sí, per la novetat. A les botigues venien unes patates bonyegudes que no eren com les de sempre, i a les perruqueries tot eren fotos de pentinats d'escarola. S'acostava al petit Carib, on regnaven les minyones grassonetes, que havien convertit la plaça de la Llana en el seu pati d'armes.

I va ser allà enmig, precisament, que es va ensopegar amb una batussa de tres parells d'ous: cops de puny, bicicletes a terra, fanfarronades i xiscles. Una gresca de quatre idiomes, pel cap baix, que costava d'entendre, però que a força de brams se li va aclarir un poc. Hi havia un afer d'honor per enmig, o més ben dit de deshonor femení, i els bàndols eren, si fa no fa, els tradicionals de moros i cristians. Amb perdó dels antropòlegs, que ho haurien descrit més aviat com a conflicte interètnic entre ciutadans d'origen magribí i comunitats llatines —llatines de les que no declinen gaire, val a dir.

La força pública va fer acte de presència, amb unes motos que afirmaven l'autoritat a força de grans derrapades, i el sarau es va desfer. Els més llestos es van fer escàpols, i els més beneitons van començar a treure carnets i papers de la butxaca. Entre aquests darrers, els tanoques, hi va clissar l'inefable potiner, el Nelson. El marquès va anar a rescatar-lo.

—Ja me'n faig càrrec jo, és treballador meu.

—Ho sento, senyor —va dir el policia a través del casc—; si no té la documentació en regla, ja sap que la meva obligació...

—La seva obligació, agent set-dos-cinc-cinc, és trucar a comissaria, codi beta trenta-tres zulú, i demanar si pot fer confiança al senyor Silvestre Guillamet, servidor de vostè.

—Ja —el jove uniformat va mirar el vell, i va apamar l'estat de la plaça—. Bé, potser no caldrà. Però li aconsello que el seu empleat regularitzi la situació, si encara no ho ha fet.

—No pateixi, gràcies per complir el seu deure.

El marquès va emportar-se el paleta cap a lloc segur.

—A més de potiner, ximple.

—Molt simple, sí senyor —una reverència lleu—. Simple als ulls del bon Déu, que estima els pobrets d'esperit.

—Ets un ruc —va negar amb el cap—. Si ets tan poca cosa, no et podies quedar sota el portal, on havíem quedat? No, amic, havies de ficar-te a la pila del greix, i vinga mastegots!

—Era un cas d'honra —va afirmar sense rastre de rubor—. Estava en joc la decència d'una doneta, una de les nostres. Com el bon Jesuset, quan va defensar el nom de...

—Sí, sou ben bé iguals, tu i el bon Jesuset. Escolta'm —es va aclarir la gola i va escopir a terra—... vull que parlem d'una feina.

—Sí senyor, només faltaria senyor, una feineta és el millor que em podria passar avui.

L'avi li va explicar de què es tractava i l'altre se l'escoltava de més avall, potser un pam més avall, amb el posat del súbdit, atent a complaure el gran Inca. Només li faltava calar-se la gorra de llana, amb borla i orelleres. Va escoltar els plans sobre el mural, l'aniversari de l'Arnau i tot plegat. Quan el marquès va acabar, l'altre se'l va mirar una bona estona. Passat un bon silenci, l'estàtua precolombina va parlar.

—És una ofrena sagrada —va afirmar—. La generació que marxa fa un homenatge a la generació que arriba. Com els cicles de la terra i com l'òrbita del sol, com tot el que el bon Déu ha disposat per als homes.

—Suposo. Però pots muntar la bastida o què?

—Es pot fer, senyor, per exemple amb el Prudencio.

—Sí, per exemple —va repetir el vell—. Qui cony és aquest dropo del Prudencio?

—Un amiguet, si Déu m'ho permet.

—Un amic.

—Un amiguet, senyor —va dir en veu més baixa—. Fem feinetes junts, mengem junts i dormim junts. Tot ho fem junts.

—Potiner, ximple i maricona —va rebufar—. La mare que et va parir. Que no eres tan religiós? Bé, tant li fot. Ja no ve d'aquí. Aviam, pots fer la feina o no?

—Es pot fer. Amb l'ajudeta del Senyor. I de la Patxamama i del gran Inti.

—Apa, aquí! Què són ara aquests, mariques o travestis?

—Oh, són molt importants, aquests, sí senyor. Molt. Són els déus dels antics. Inti és el sol, i la Patxamama és la mareta terra. Sempre els porto dins meu, i en una pintureta sagrada hi han de ser.

—A veure, supercristià, no entenc res. M'estàs dient que ets un adorador del Sol, és això? I em demanes ídols pagans al meu mural, tu també? —va somriure, i va arronsar les espatlles—. Doncs endavant, home, i tant que sí. No hi voldries sant Cantinflas, ja que hi som posats? Au som-hi, vinga, no passis ànsia. Que em faràs una rebaixeta?

—Oh senyor, jo això no ho cobraria mai, només faltaria. És un obsequi sagrat, per al seu ninet estimat. Jo sóc un pecador, però un pecador bo.

El marquès es va quedar de pedra. Es va aplanar els cabells engominats i va respirar fondo. Per alguna estranya raó, no li semblava apropiat que el paleta li fes la feina de franc. Va assegurar que no estava parlant seriosament, que només era conya. Però l'altre li va aguantar la mirada, i llavors ell es va haver de rendir a la tenacitat muda de la impenetrable saviesa andina.

—Bé... no ho sé..., tu manes. Però tenia entès que t'havies quedat sense feina, i...

—Tot anirà bé, senyor. Si trobo el meu caminet, si puc obrar amb caritat, el cel proveirà.

El potiner va afegir que, si la cosa corria pressa, més valia que anessin a buscar el Prudencio i preparessin la feina amb ell. El marquès s'hi va avenir, i es va deixar guiar pel barri. De camí, no es va poder estar de demanar-li sobre els seus orígens i la seva situació. Va saber que el Nelson era, a més d'homosexual i evangèlic, de nacionalitat equatoriana. Havia arribat gràcies a la seva germana, que portava una pila d'anys a Barcelona. Sobretot, va aprendre que el potiner era un optimista insubornable.

L'home havia vingut sis mesos enrere, ple d'il·lusions, i al cap de pocs dies havia trobat feina de peó als contractistes de la plaça Espanya. Les coses li havien funcionat tan bé, que s'havia comprat un cotxe de segona mà. Tot i que havia de conduir sempre de nit, perquè no tenia ni carnet ni residència ni permisos de cap mena, era ben feliç, i fins i tot podia enviar algun dineret a la seva gent de l'Equador. Un bon dia, l'amo el va cridar per regularitzar la situació, amb contracte i seguretat social i tota la pesca. Va agafar el cotxe, i allà va començar una insòlita cursa d'obstacles. Va tenir una pana, i va haver de deixar el vehicle mal aparcat, amb un cartell ben visible. Quan va tornar amb el mecànic, la grua s'havia endut el cotxe. El van anar a recuperar al dipòsit, i el mecànic va fer la feina, però quan va voler arrencar, va descobrir que el trasto no es movia. La grua li havia trencat un dels eixos. Va fer arreglar el desperfecte, però en acabat va descobrir que, sense els papers en ordre, no el podia retirar.

Va haver de deixar el cotxe al dipòsit, i pagar un taxi per anar a la cita amb l'amo. Hi va arribar tan tard, que quan va poder parlar amb el contractista, va descobrir que ja havia perdut la feina, el cotxe, els permisos i els papers dels seus somnis. I totes les il·lusions. Havia de tornar a començar de zero.

—I et vas cagar en tot —va dir oportunament el marquès.

—No, no em queixo. Gràcies a Déu, encara no he hagut de robar, he pogut menjar cada dia.

—Home, si t'ho mires així...

—Ja hem arribat —va anunciar l'equatorià.

Va trucar al timbre, i va demanar que baixessin la Felicity i el Prudencio. La resposta es va sentir millor al carrer que a través del porter automàtic. Al cap de poc van comparèixer dues persones. Una dona clavada al Nelson, però amb pits generosos, i un indi trist, amagat sota la visera d'una gorra de beisbol. Tots dos amb un bigoti a mitges, a la manera d'una elegant frenada de bicicleta, i tots dos amb la cueta de cavall que els lligava els cabells sobrants al darrere. La Felicity i el Prudencio.

—El senyor marquès —va fer el Nelson.

Que Déu el beneeixi, van fer els dos nouvinguts, ben bé amb la mateixa reverència que gastava el potiner. Entre el vell i el paleta van explicar els motius de l'encàrrec, els detalls de la feina i la urgència del tema. Tothom va estar d'acord que calia posar-s'hi de seguida, i que dels honoraris no se'n podia ni parlar. En propietat, cal dir que el vistiplau del Prudencio va ser molt discret, perquè l'home feia honor al seu nom i es limitava a seguir la conversa amb petits cops de gorra. Aleshores la dona va prendre la davantera, i va anunciar que ajudarien de gust el marquès, però que volia saber amb qui haurien de treballar. Per exemple, no es podien barrejar amb bolivians, perquè els de la república veïna eren uns bruts i uns tramposos i sempre miraven d'estafar-los.

—Doncs no, bolivians no en gastem... —va aclarir l'avi.

—I negrets, senyor? —va insistir la Felicity.

—Això sí, unes noies que...

—Però no són negrets equatorians, oi?

—De l'Àfrica, crec, uns tal geperuba —va fer un esforç—... de Nigèria, pot ser?

—Ah... —la dona va sospirar, i els companys també—. És que els negrets equatorians són uns mandrosos i uns descreguts. Es passen el dia ballant, sap, senyor? Viuen a la costa, tot el dia amb aquella caloreta. No pas com nosaltres, que som temorosos de Déu, i molt sacrificats, perquè vivim a la serra. Molt bé, sí senyor. I indis? No tindreu pas indis?

—Bé, el que ho paga tot és un moro ric... No és de l'Índia, encara que...

—Malament —va saltar el Nelson—. Ara voldrà que pintem la seva pedreta adorada, i les seves pregàries.

—Bé... —va puntualitzar el marquès—. Alguna coseta haurem de fer.

—Serà una pintura cristiana, senyor? —la Felicity.

—Plena de motius marians, us ho juro pels meus...

Adorable, sensacional, que Déu el beneeixi, va exclamar la germana; molt bé, va aprovar l'amic de la gorra; i ja us ho deia jo, va proclamar el Nelson, veieu quina meravella, quina obreta divina? Però tornant als indis, va dir la dona, tornant als indis, va recalcar, hi haurà indis dels nostres, indis indígenes, indis americans? I el vell va arrugar el front, del tot confós, mirant els seus interlocutors a la cara i afigurantse què dimonis eren aquells personatges que tenia al davant, baixets i colrats pel sol, si no és que eren indis, com els que sortien als gravats de Cristòfor Colom farcits de plomes fins a les celles.

—Indis comanxes, voleu dir? Els del general Custer?

—No, senyor, home, no —la dona va riure—. Indis de l'Equador.

Un altre gest d'estupor.

—Vejam —va retocar-se el mocador—. Ara em direu que no teniu ni una gota de sang índia, vosaltres.

L'observació els va semblar còmica. Tots tres van fer unes rialletes menudes i agudes, fins i tot el de la visera, i després van deixar parlar el Nelson.

—Ai senyor, el senyor és ben xistós. Sang índia, i també jueva, i també de negret. Qui no té la sang barrejadeta? Ai, ja veig que no heu vist mai ni quítxues ni aimares, senyor, perquè si els haguéssiu vist, ho sabríeu. Se'ls veu només obrir la boqueta, a aquests.

—I així vosaltres què coi sou, blancs de soca-rel? Víkings?

—Sí, blanquets, sí senyor —van respondre tots tres alhora, sense cap ombra de dubte al rostre.

—Qui us va parir. Entesos, doncs —es va ajustar l'americana—, podeu ser ben bé el que us roti. Demà us espero en aquesta adreça. Hi haurà uns nois filipins que us donaran un cop de mà.

Va escriure quatre gargots en un paper i els el va allargar.

—Si Déu vol, senyor —va dir la dona mentre es desava el paper a la butxaca.

—Per cert —va fer el marquès, a punt de marxar—: quantes bastides heu muntat, vosaltres?

—El bon Jesuset serà amb nosaltres, senyor —el Nelson.

—Només una sola coseta, senyor —va intervenir el de la gorra, els ulls sempre a l'ombra—. Per on comencem a muntar? Això sí que ho haurem de saber.

El marquès va repassar les tres figures, i va bufar. Cap dels tres no tenia ni punyetera idea del que s'havia de fer. Va respirar amb força i va tancar els ulls.

—Ran de terra, ceballots, ran de terra. I llavors tireu amunt, eh? —va fer mitja volta, i dues passes més enllà va parlar amb el vent—: com quan us donen pel sac, sabeu? De baix cap amunt.

—Sí senyor —el paleta, a la seva esquena—. Ho farem amb l'ajuda de Déu.

—Inútils. Sou uns nenes. I uns potiners. A prendre pel cul.

—El mestissatge? —va bordar el marquès—, no siguis ruc. Jo no em vull presentar a unes eleccions, jo només vull fer un regal al meu nét. Aquests graponers són l'únic que he trobat.

—Potser t'ha sortit a contracor —el Salomó hi tornava—, però estàs fent un veritable monument a la barreja. Mira l'esbós que tens a les mans, mira la gent que t'està ajudant... Mestissatge pur. Saps què em recorda, això? Em recorda aquella Barcelona medieval, d'abans del segle XIV, quan hi havia comunitats que...

—No siguis plom —va tallar l'altre—. Això del mestissatge sona a follar-se totes les mulates que et passin per davant. Els que ho veuen tan bonic són els que voldrien emportar-se al llit una negra, una groga i una blanca al mateix temps. Molt bonic, és clar, i tant. Preciós. Res a veure, perquè el que estem fent aquí, el que estem fent...

—Que bèstia que ets.

Multicultural o no, mestís o no, profundament bestial o netament humà, el que havia aconseguit el marquès portava la marca dels prodigis. Aquell anar i venir de gent era producte de la seva estimació per l'Arnau i també, calia dirho clar, de la seva tenacitat excepcional. Els equatorians ja havien aixecat mitja bastida, malgrat la seva inexperiència i la propensió dels xicots filipins a escapolir-se de la feina.

A la base del mur, les odalisques africanes ja havien començat a exercitar les seves aptituds plàstiques. Mitja amplada de la paret estava dedicada als orixàs de torn: Xangó esgrimia la seva destral màgica, Oxun mostrava les formes fecundes, Exú corria amb la cresta veloç... Tots ells amb trenes de rastafari, i carregats de paperines de coca per distribuir entre els necessitats. A l'altra meitat de la base, despuntava el pati de la Kaabà, la tradicional estampa de la Meca, plena de devots però també amb les visites inesperades dels tres reis d'Orient i un escultural Aladí amb llàntia i tot.

El marquès s'havia abillat per a l'ocasió: un davantal de cos sencer, tacat amb tota la gamma de tons de merda d'oca, i un mocador a la closca, nuat als quatre extrems. Repartia ordres a discreció, intercalades amb simples brots de temperament, i així mantenia l'esperit de germanor que regnava en aquell racó de la ciutat vella. Tenia el corcó del savi al costat, però allò no era un impediment major, perquè en certa manera l'havia tingut enganxat al clatell tota la vida. Entre les mans, sostenia el geni ordenador de tot aquell desori, que era el seu esbós general.

El projecte final no era ben bé el que hauria volgut l'expolicia, vistos els peatges que havia hagut de pagar i les intrusions dels seus col·laboradors. I no cal dir que el resultat que emergia en la realitat, allà al damunt d'aquella paret mitgera, tenia ben poc a veure amb les seves previsions artístiques inicials, si és que amb una persona com el marquès es podia parlar de tal cosa, o sigui de previsions artístiques. Fos com fos, l'home sostenia a les mans el seu full de ruta, un dibuix que enquadrava, en una forma que volia reproduir el perfil del mur, les vinyetes del retaule. L'aspecte de retaule era evident, amb frisos i galeries de retrats a la part baixa, i una ascensió cap a la simplicitat que acabava coronada per una curiosa tríada.

—Multicultural —afirmava el savi Salomó— i també ecumènic. Molt del nostre temps.

—Vés a pastar fang —replicava l'amic.

Qualsevol que s'hagués fixat en l'esbós, qualsevol que s'hi hagués fixat de debò, hauria entès que el valor singular de la composició no era el que destacava l'erudit de barri. Més que apuntar a un festival multiconfessional, allò derivava sense remissió cap a una orgia multiblasfema. Només els ingenus podien entendre el quadre com una mostra de respecte cap a les diverses creences espirituals de la terra. Damunt els orixàs que feien de camells i la pedra de la Meca, ben centrada, hi havia una Patxamama que evocava poderosament, per als qui tinguessin memòria, el posat de la Conxita la Catalana, la de la Boqueria. Vestida de llumenetes, era ben bé ella; amb les ulleres de cul de got i el bastó justicier. Darrere el seu cap despuntava un sol radiant, per a alguns el déu Inti, per a d'altres una nota folklòrica que podia haver estat obra del gran Ocaña, el mestre difunt del Kitsch.

A l'esquerra de la deessa inca, un graó més amunt, hi figurava santa Rita, acompanyada del lema no fornicaràs ni el pare ni la mare. La patrona dels impossibles, emergint del volcà Pinatubo, comandava heroicament un estol de dones despullades en una acció impossible. Les amazones, armades de piques i guarnides amb trenes, eren les cèlebres Llanceres de la Llibertat, i provaven d'expulsar les hordes de turistes que amenaçaven la ciutat.

—M'agrada que hi siguin —confessava el savi, referintse a les Llanceres—. Però el simbolisme no el trobo bé. Per què fan fora els turistes? La gent que ens visita és la nostra riquesa, són els nostres convidats. I acollir-los quan vénen és la nostra manera de ser europeus. De fet, Barcelona sempre ha estat una avançada d'Europa: ja al segle XIV...

—Europa? —va engegar el vell amic amb una ganyota de fàstic—. Europa, dius? Europa vol dir vagabunds rossos i pigats, emborratxant-se i embrutant les nostres places. Europa vol dir això.

A la dreta de la Patxamama catalanitzada, s'hi podia intuir un sant Hipòlit extraordinari. Les seves ulleres no eren pas les de la vella Conxita. En aquest cas eren els òculs bruts i greixosos del savi Salomó. I si bé els sants de la cristiandat no solen vestir boina, ni jersei de botons, ni ulleres, aquest ho feia amb tota la dignitat conferida pel seu rang. En un posat insòlit, que no lligava gens ni mica amb la naturalesa frugal de l'ancià col·lega, ni tampoc del sant, l'Hipòlit de torn s'estava fumant un petard gros com una trompeta. Als seus peus hi jeia una col·lecció de càntirs esbocinats.

Al capdamunt del retaule hi destacava una trinitat, rotundament èpica però no gaire afí amb els cànons apostòlics. Era l'escena culminant de tota la composició, i com a tal ocupava l'espai superior, potser un terç del conjunt. Les tres grans figures centrals d'aquest segment estaven envoltades d'estels nadalencs, cada un amb una cara i una cua que recordava les glòries del barri. Els estels dibuixaven un arc al voltant de l'escena central, i tots ells desprenien una lluminositat pròpia.

Començant per la dreta, en destacava un amb el rostre inconfusible de la Monyos, i una cua que incorporava el rètol de La Buena Sombra. Després, el Cagundéu, que arrossegava els neons de les Habitacions Apatxe. A continuació, un Errol Flynn immortal amb el grafisme de Los Caracoles; la Chicharrona de Jerez, que estirava el cartell del *tablao* La Macarena; la puta Xerezade, amb el Xalet del Moro a la cabellera; el Pepe l'enllustrador amb el Kit Kat a cavall, i tants altres aparellaments que, com es pot comprovar, no sempre obeïen a un criteri establert.

El més extremat era, sens dubte, l'estel que retratava el comediant Serafí Pitarra, amb la menció Urinaris Públics entre les barbes. O potser no era tan extremat. En tot cas, aquella via làctia de celebritats havia de ser la volta que tanqués, en la secció superior del mural, el motiu central de l'obra magna. Allò que el marquès havia batejat amb el nom de Trinitat.

—No és ben bé una trinitat, això —observava el savi, sempre atent al simbolisme iconogràfic—. Jo en diria més aviat una Nativitat sui generis.

—Tant li fot —replicava el marquès, que estava pendent dels seus aprenents—. Tu, negreta, no et passis del quadrant! De la ratlla, vull dir: d'allà cap avall, sí, no cap amunt! —I cridant a l'equatorià—: Collons, Potiner, vés alerta amb els ferros, que no ho veus, que em pelaràs alguna noia?

Amb un ull, l'home espiava els cops de brotxa a la paret, i amb l'altre repassava el seu esbós. Tenia molta gent al seu servei; l'un muntava ferros, l'altre aplicava capes de pintura, l'altre resseguia la silueta dels retrats. Havia d'estar pendent de tothom i, a més, suportar els apunts del savi Salomó. En plena acció, a la part de baix, hi havia l'Onitsha, la Minnie, la Titola i la Fanta amb els orixàs. Més amunt, la Felicity amb la Patxamama. Dreçant la bastida, el Potiner i el Prudencio, amb l'ajuda dels nois filipins: el Benito, l'Aguinaldo, el Quirino i un altre. Aquests també carregaven pots de pintura d'aquí cap allà. Però de tots ells, d'entre tots els treballadors, no n'hi havia ni un, ni un de sol, que fes la feina com Déu mana.

Per acabar de descentrar el marquès, en el moment més delicat va comparèixer la Coixa.

—Eeeeh, hola Fermina —va forçar un somriure i es va aplanar els cabells—. Com estàs, reina? Mira, mira quina meravella.

La dona va mirar la paret de cua d'ull.

—Tot és una merda —va deixar anar—. No som res, som uns minerals.

—Minerals? —va preguntar el marquès.

—Sí, animals sense vida. Minerals.

—Ja —va fer l'altre—. Mira això, xata, aquí hi surt el teu Moreno —li va mostrar l'esbós—. Si vols el suprimeixo, però em va semblar que no hi podia faltar, en una trinitat com aquesta.

—Nativitat, marquès —el savi—. Insisteixo. Na-ti-vi-tat.

En Silvestre Guillamet va fer petar la llengua. Però la Fermina no es va prendre el comentari a la lleugera.

—L'hi pots posar, si vols. Però té raó el savi. Això no és una trinitat.

—Ah no? —l'home va obrir els braços—. I doncs, per què?

—La Trinitat —va murmurar la Coixa, sense gaire interès—, és allò del Pare, el Fill i aquell colomet que viu amb ells.

—Home, doncs ben mirat...

El marquès va clavar els ulls al paper, i va parpellejar diverses vegades. Potser sí, va dir, potser sí. Al dibuix hi havia tres figures monumentals, molt més grans que la resta, que dominaven el quadre. Al centre, ell mateix, amb la gorra de policia i una aurèola, i un uniforme de torero de cos sencer. A la seva dreta, la Mercè, símbol de les dones caigudes del cel. I a la seva dreta, la Coixa ensenyant les cuixes, tal com era quinze anys enrere, o sigui el símbol de les dones vingudes dels inferns. No, potser no era una trinitat, però eren tres figures. I d'acord, a sota hi havia dos nadons, el Moreno a la dreta i l'Arnau a l'esquerra, l'un esquifit i fosc, l'altre blanc com la llet —i amb ulleres, i la capa refulgent de Harry Potter, el nen bruixot. Però dir-ne Nativitat perquè hi havia dos minyons, només per allò, francament, li semblava excessiu. El savi no compartia el seu criteri, i volia deixar-ho clar.

—Sí senyor, una Na-ti-vi...

—A cagar, t'he dit! —va fulminar l'amic—. No estaven a punt de prendre't el pis, a tu? Doncs què hi fots aquí, perdent el temps?

El savi es va ofendre. Es va alçar la gorra i va gratar-se la calba, però no va desaparèixer. L'espectacle aquell era millor, mil vegades millor, que barallar-se amb els mamarratxos impertinents d'una immobiliària. Es va allunyar uns metres i va continuar badant, tot fent negatives amb el cap i insistint en el seu dictamen. La Coixa es va acostar al marquès i li va demanar el full. El va estudiar amb certa atenció.

—L'Ahmed no hi surt —va dir, finalment.

—El moro... —va rebufar l'amic—. Ja ho sé, però... No ho veig clar, noia. Li he posat la pedra aquella, oi, i l'algaravia seva, oi? Ja ho sé, els diners són seus, i sense ell no... Però què vols que et digui, no deixen de ser diners bruts, i...

—Diners bruts —va adreçar-li una mirada líquida—. Aviam, marquès, que no és un mural respiratori, això?

—Com dius? —mirava l'amiga, i es deixava emportar a altres èpoques.

—Respiratori, home —va aclarir la Coixa—. Com la Sagrada Família. La gent hi posa diners, respiren els pecats i es curen les dolenteries. No ho trobes bé?

L'home no ho trobava ni bé ni malament. De fet, ell es trobava quinze anys enrere, enmig del Raval, buscant la seva amiga segrestada pel mateix moro que ara li havia salvat el mural. Era just a sota del pis del carrer Cadena, cridant a ple pulmó que el deixés entrar, que sabia que tenia la noia, i que entraria a la força. Era allà, lluny de la seva obligació, provant de rescatar l'amiga, mentre el mahometà tenia la Coixa, que encara no era coixa ni d'una sola cama.

Ningú no sap què havia passat, però segons el marquès tot havia estat molt dramàtic. Diu que de sobte li va caure un pes al costat, en ple asfalt, acompanyat d'un soroll sord i d'un altre soroll d'ossos trencats. Que el moro havia llençat la Fermina pel balcó del primer pis. I que ell s'hi havia acostat, i en veure que la cortesana havia perdut els sentits, havia renegat i havia amenaçat el balcó, abans d'endur-se la noia al dispensari. S'hi havia passat una bona estona, esperant que la Coixa, llavors sí, esguerrada per a tota la vida, recuperés la consciència. I després havia marxat a trobar la Mercè, morta i difunta. També per a tota la vida.

—Diners bruts —va repetir, resignat al fet.

Havia estat un dia fred i malaurat, aquell. Quan havia arribat a casa, s'havia trobat amb el fill i amb la dona traspassada. Tot va canviar de dalt a baix, a partir d'aquell dia fred i trist. Va perdre la insígnia, la feina i la família. També la seva amiga, coixa sense remissió, va perdre el futur, si és que mai n'havia tingut. Com es va perdre el Xino, pocs mesos després, quan va actuar la piconadora i va enderrocar l'illa de cases maleïda. Entre els carrers de Sant Ramon, Marquès de Barberà, Sant Oleguer i Nou de la Rambla, va desaparèixer el rovell de l'ou d'aquell barri. Per sempre més: *meublés*, bars, cases de gomes, pensions, tot se'n va anar en orris.

Només es va guanyar una nova vida, la que portava la Fermina al ventre, la que li havia fet el cabronàs del moro. El marquès encara no ho sabia, aleshores, però ara ho veia clar. El pocavergonya l'havia segrestada i l'havia violada, i se n'havia sortit airós. Encara que alguns diguin que violar una puta és tan greu com violar qualsevol dona, ell sabia que no era així. A qui li podia importar que forcessin la Fermina? Ni a ella mateixa, segons com. No semblava que a la Coixa li importés gaire, ni que la ultratgessin, ni que la raptessin, ni que la llencessin d'un balcó.

El marquès cavil·lava si era possible, en rigor, que la Fermina desconegués el sentiment de dignitat. Potser sí, o potser no. Potser és que de tots els seus infortunis, aquell dia funest, n'havia sortit el Moreno. Era un cost habitual, aquell: la dignitat pel preu d'un fill. Al cap dels anys, el fill ja no hi era. Ni tan sols aquella magra esperança havia resistit, i el cicle de la destrucció es tancava per a la dona. En canvi, a ell, al marquès, li quedava de tot: una muntanya de dignitat, abocada en un laboriós mural, i l'Arnau, és clar, que tenia l'obligació de ser més feliç que tots els altres. El nét d'en Silvestre Guillamet, marquès d'Escudellers, expolicia i artista anònim; el nét i el seu regal d'aniversari el salvarien de l'extermini.

—Au, tothom a pintar!

El marquès va animar la tropa amb les mans. El Potiner acabava d'assegurar l'últim cargol de la bastida, havia fet un senyal triomfant des de dalt de tot, i ja no calia esperar res més. El marquès va enfilar-se al pis superior, la brotxa ben alta, mirant de no entrebancar-se amb la bata i aguantantse el mocador nuat a la closca. Darrere seu van pujar els filipins, les noies africanes, els equatorians. Cadascú tenia un lloc assignat, l'operació havia estat dissenyada fins al darrer detall, no hi havia impediments majors... La Coixa i el savi es quedaven a terra, com havien convingut, per si calia ajudar en la perspectiva general. Ningú no hi confiava gaire, en la seva perspectiva, però era obvi que el seu talent era únic. És a dir, era l'únic talent disponible.

El vell havia perfilat al mur les figures dels nivells més baixos, de manera que els seus pintors només havien d'omplir les formes amb els colors corresponents. A dalt, ell es reservava el protagonisme dels personatges principals. Sota la seva supervisió rigorosa, va dirigir els traços dels aprenents que havien mostrat més gràcia en els sectors inferiors. Fins i tot entre les races més intractables de la terra, es va dir per dins, es trobaven esperits inquiets. Encara hi havia motius per a l'esperança, pensava, i si bé el país ja no tornaria a ser el que havia estat, sempre brotaria la flor que portaria il·lusions al desert que s'anunciava. Al capdavall, va admetre gairebé en veu alta, la gent d'abans tampoc no havia estat cap prodigi de gent, sempre embarcats en guerres i calamitats.

Seria exagerat afirmar que en Silvestre Guillamet, marquès de la Barcelona baixa, estigués a punt de reconciliar-se amb els seus veïns recents. Entre els seus projectes, no hi tenia cabuda el de rectificar les fixacions de sempre. Però començava a intuir que, posats a buscar culpables, calia anar més enllà. La culpa dels seus mals no residia en el Potiner, ni en les noies del Sonny, ni en cap foraster. D'estrangers, la ciutat n'havia tingut sempre, entre gitanos i turistes i moros i sudaques. No tants, per descomptat, però sempre n'hi havia hagut.

Doncs no, es repetia, no, els que havien portat el món fins al punt on ara es trobava eren, precisament, els absents. Més que sobrar gent estranya, el que explicava la desaparició de la vida antiga i segura, i l'arribada d'un nou univers, era la falta de gent pròpia. On eren els antics companys de la Guàrdia Urbana? Les dones de la vida? Els veïns? El seu fill i la seva jove? On era la seva esposa estimada? El Moreno? On era l'Arnau, el mòbil de tot plegat? Fins i tot el savi i la Fermina, plantats allà baix com dos estaquirots; on eren, aquell parell de fantasmes?

Naturalment, cadascun dels que hi faltava tenia motius de sobres per no ser-hi. L'Arnau, pobret, estava confinat a l'aïllament. Al seu fill no li mancaven raons per mantenir les distàncies. I els morts no podien ressuscitar. Però, fos com fos, a l'hora de la veritat, el cas és que els uns hi eren i els altres no. Allò era una veritat com un temple, que el marquès estampava amb força, en cada cop de brotxa, a la paret mitgera del seu barri. El que més mal li feia no era caure en mans de bàrbars; o potser sí, però no pas tant com veure que els propis l'abandonaven.

Just abans de pujar, el savi Salomó li havia relatat la seva última idea per a una novel·la pendent, que mai no començaria. La història d'un home que recordava el passat i no anticipava el futur, una espècie de nostàlgic impossible que vivia envoltat de gent que no el comprenia. Perquè el personatge tenia la mala sort, deia el savi, de trobar-se en una societat que feia el contrari: una societat on tots recordaven el futur i ignoraven el passat. Així, el protagonista del llibre que el seu amic mai no escriuria esdevenia un inadaptat crònic, un individu ple de memòries en un món envaït pel dia de demà.

Genial. Un argument brillant però estèril, com tots els d'aquell escriptor frustrat. Quines idees de bomber. A qui se li acudia aquella collonada? Uns tios que recordaven el futur, per l'amor de Déu... Quina ximpleria. Els records ho eren tot, no hi havia un poble imaginari sense records. Ell mateix era un sac de memòries, i per damunt de totes les altres, la memòria d'aquell dia que s'havia trobat el fill esperant-lo al rebedor.

—On t'havies ficat? —li va preguntar l'Esteve, la cara inflada i els ulls disparats.

—No n'has de fer res —li va respondre ell, el marquès, amb poca veu perquè ja se n'ensumava una de grossa.

L'Esteve havia trucat a tot arreu, quin horror, havia parlat amb els de la caserna, amb els responsables de la batuda policial, quin horror, i el pare que no apareixia. I mentrestant, els de l'ambulància, quin horror, mirant de fer l'impossible...

L'home va esquivar el fill i es va ficar dins el pis. A la cambra s'hi va trobar la Mercè, ajaguda al llit, més pàl·lida que els llençols. Va caure de genolls, es va llevar la gorra i va dir allò de no te'n vagis, no te'n vagis, no m'ho pots fer, tu no. A l'habitació hi havia un metge que feia el certificat, que se'l va mirar amb les celles alçades, dubtant entre la compassió i la bronca. Qui no va dubtar gens va ser el fill, que va aparèixer per darrere.

—Quin horror. I tu, pare, tu...

El marquès va mossegar la punta del llençol. Amb ràbia.

A partir d'aquell dia, en Silvestre Guillamet es va convertir en un sac de records privats. I el fill, en un sac de retrets muts. Tot era per culpa seva, tota la foscor de la terra s'explicava amb un pare que no sabia estar al seu lloc, que no sabia fer res com tocava, que no acabava mai res del que començava. Que no havia sabut estar, en l'hora final, al costat de la mare. A partir d'aquell dia, en Silvestre Guillamet anava justificant, a qui el volgués escoltar, que un ionqui a sou d'uns malfactors havia rebentat el seu pis i havia mort la dona. Mentre ell era de servei, algú havia enviat un degenerat per matar la dona a cops. Assegurava als amics, a la gent, al cel, que la droga també havia acabat amb la Mercè. El món del crim, la ciutat sencera que es degradava cada dia, el món del crim i de la droga i d'un temps present sempre pitjor.

—Marquès, baixa, corre!

L'home va emergir del seu malson i va mirar avall. El savi i la Coixa agitaven els braços i el cridaven des del carrer. Al seu costat hi havia un agent de l'autoritat, amb un aparell de ràdio que gemegava tot sol. I un home encorbatat, segurament algun funcionari. Ja hi som, va pensar. El paparra de l'Esteve que ha fet venir un municipal. Quina creu de fill, va repetir-se. Quina creu. Ara començaran a demanar permisos, que si els papers amunt i les llicències avall. Va anar davallant per la bastida, dient a tothom que no passava res, que continuessin amb la feina. I es va anar afigurant l'estratègia: potser havia de fer servir el nom d'aquell comissari, o més aviat no, potser li seria més útil si invocava els bons sentiments de l'agent que, de ben segur, devia tenir algun fill menut, perquè se'l veia força jove, o potser...

—Vostè és el senyor Guillamet? —va parlar el de la corbata.

—Sí senyor, un servidor. En què els puc servir?

—Han d'evacuar tot això —va assenyalar la paret en general.

El marquès va deixar passar un silenci, i es va gratar el front. Com li feia entendre a aquell pixatinters que abandonar allò era, de fet, abandonar un somni? Ho havia de provar, fos com fos, però... Com podia evitar que li desmuntessin la vida? I ho havia d'intentar sense alterar-se, sobretot, perquè si s'enganxava, la cagava de ple, i no la podia cagar.

—Miri, jove —va fer una pausa i va rectificar—. Senyor meu, d'acord, no penso oposar-me al que digui l'ajuntament. Entesos. Però abans...

—No vinc de l'ajuntament —va interrompre l'altre—. Vinc del jutjat número sis, i porto aquí una ordre d'embargament.

Va exhibir un paper timbrat pertot arreu, que ningú no es va llegir. El marquès, el savi i la Coixa estaven massa pendents de la cara de l'individu. I des de la bastida, la resta també. La cara no va fer cap gest especial, però va continuar parlant. Els va dir que havien detingut el ciutadà d'origen pakistanès Ahmed no sé què, i que havien de procedir a embargar tots els seus béns. L'ordre judicial era molt clara, i era d'execució obligada i immediata. Ho va dir tan de pressa, que quan va acabar ningú no va obrir boca. Com si calgués esperar més paraules, com si en tan poc temps no es poguessin arribar a comunicar tantes notícies i tan desconcertants. Finalment va intervenir la Fermina, potser la menys desconcertada de la colla, ja que si algú havia deixat de sorprendre's per la conducta de l'Ahmed, era ella.

—Què ha fet, ara?

—Està acusat de tràfic il·legal.

—Ah, ja —la Coixa va encongir les espatlles.

—Ah —el marquès.

—Ah —la resta.

El tràfic il·legal no era cap escàndol, mig barri hi estava implicat. Si havien d'arrestar tots els que hi participaven, i confiscar les propietats de tots ells, no acabarien ni el dia de l'albada dels justos. En aquella banda de la ciutat es mercadejava amb tabac, licors, telèfons mòbils, càmeres digitals, passaports, documents, rellotges...; des que la mà de l'home havia inventat qualsevol cosa, el que fos, el geni del carrer d'Escudellers s'havia aplicat a moure's al marge de la llei. El jove encorbatat es va aclarir la veu.

—Tràfic de menors d'edat —va precisar finalment—. De nens. De nens esclaus, podríem dir.

El marquès va badar una boca de tres pams, si fa no fa com les dels seus companys, i es va refregar la pintura de les mans al davantal.

—No digui disbarats —va fer.

El de la corbata va respondre amb els llavis premuts i va avançar-se amb un plec de fulls subjectat a una fullola.

—Tot això és propietat del senyor Ahmed, no és cert? —va assenyalar la bastida—. Doncs algú m'haurà de signar aquí.

El marquès va mirar els fulls, es va girar per contemplar la seva obra i després va tornar a mirar els fulls. No podia signar allò. Els seus amics es van quedar clavats on eren, perquè ells tampoc no podien signar. L'emissari de la judicatura va abaixar el plec i, encara amb els llavis premuts, va dedicar un cop de cap al policia que l'acompanyava.

—No ho penso desmuntar —va avisar el vell.

—És clar —va replicar el jove—. No cal que facin res. De moment, evacuarem i precintarem la instal·lació.

L'uniformat va anar cap a la paret, va fer baixar tothom i va treure un rodet de cinta de plàstic. A mesura que l'arquitectura es buidava, va començar a tibar la cinta des d'un extrem. La colla del marquès, engruixida pels que davallaven de l'estructura, va obrir un arc d'expectació al voltant de l'agent. S'ho miraven en silenci i amb certa por; haurien jurat que aquell tresor de ferros i retrats, si s'enrabiava, els podia caure al damunt en qualsevol moment. Al centre de l'aplec, el marquès d'Escudellers encapçalava la protesta silenciosa, l'esguard aigualit, la bata empastifada de pintura, la brotxa encara a la mà.

—Fill de puta —va fer, tot mastegant les paraules—. Tros de moro fastigós. Escanyapobres i malparit.

El marquès va sentir una fiblada intensa al pit, sota l'aixella. Però era pitjor el mal de les il·lusions perdudes, molt pitjor. Era pitjor el dolor, i la pena, de veure com fracassava un altre cop. De comprovar com, una vegada més, era genèticament incapaç d'acabar allò que començava.

# Arnau el Pinxo

Els que creguin en les estampes memorables, hauran d'admetre que aquella del marquès d'Escudellers, una tarda d'estiu, tot sol al seu taller, era digna de perpetuar-se en els annals de la posteritat. Perquè l'home estava escrivint. És a dir, s'havia assegut en un banc, tenia un plec de papers damunt la taula, i els anava omplint amb la lletra trèmula, laboriosa i pueril d'un Bic, un bolígraf clàssic amb capçal gruixut i amb un extrem tan mastegat que havia perdut la transparència.

Per edat i per temperament, el marquès era un d'aquells personatges tan nostrats que pateixen literofòbia. Ell resolia les coses parlant, movent-se, gesticulant i, si calia, traient els punys. Del paper se'n servia per dibuixar o fer gargots, i poca cosa més. La lletra, a l'hora de llegir, i no diguem a l'hora d'escriure, li provocava una mandra colossal. Potser hi influïa el fet que només havia après a escriure en castellà, una llengua que tenia més rovellada que el seu propi esquelet, i que, naturalment, li sonava rígida i irreal.

Però la necessitat l'empenyia, en aquella ocasió irrepetible, a fer tots els esforços que calgués. Feia unes quantes hores que estava tancat i encara no havia enllestit. La vista li fugia cap als quadres inacabats dels seus pintors predilectes: els amics Velázques, Golla, Ruvents, Delacrioix i Fortuyn, i l'inefable Silvestre Guillamet. Després tornava a clavar el cap al paper, anotava quatre coses, i tornava a rondar cap a la testa dissecada de bou, el biscúter desballestat, la barra americana o els cartells taurins. I torna-hi, sota la bombeta de vint-i-cinc watts. Era un suplici, però calia fer-ho. Es palpava els cabells engominats, s'aclaria la veu, s'ajustava el mocador, s'aixecava i s'asseia altre cop, i entre distracció i distracció anava acomplint la seva missió.

La seva dona sempre li havia dit que li sobrava energia i li faltava concentració. Potser sí; la Mercè solia tenir raó. Per això l'havia estimat, ell, perquè tenia raó. I perquè no havia d'haver marxat i va marxar. I perquè era diferent, era el seu complement, tenia allò que ell no podria tenir mai. Entre altres coses, en els seus ulls, obsequis, deferències i devoció, hi veia la persona que ell, l'espòs, hauria volgut ser. La Mercè sí que llegia, quan podia: fins i tot per dormir li agradava tenir un llibre entre les mans. I aprofitava qualsevol estona per escriure cartes a les amigues, o al fill, o a qui fos. I se'n va anar.

Diuen que darrere de cada gran home hi ha una gran dona i, un pèl més enllà, la seva dona. Aquest no era el cas del marquès, ja que al seu darrere, al seu davant i als costats només hi havia la Mercè. Després hi havia un munt de dones més, i la Fermina, però no eren ben bé dones, aquelles altres tenien alguna cosa d'home. Fos com fos, el vell lluitador s'havia posat a escriure, i procurava no despistar-se gaire amb records femenins. De fet, no estava redactant les seves memòries ni res que s'hi pogués comparar, i havia d'espantar qualsevol mena de record que el destorbés en la seva obligació.

No estava evocant els seus millors anys, no. Tenia ben present la seva època daurada, aquells anys cinquanta del Cosmos i del Panam's, amb els mariners americans i les terrasses amb còctels i noies de categoria. Anava esquivant l'ahir, perquè no era allò el que demanava la seva atenció.

Mirava de fugir dels seixanta, amb les minifaldilles, els whiskys amb gel, les estrangeres descalces que fumaven herba, el Kit Kat o el Texas... I dels setanta i dels vuitanta, més foscos però no pas absents. No, no, res de tot allò. Escrivia per a una sola persona, i parlava més del futur que del passat. Ell, que ja gairebé no tenia futur del qual parlar.

Quan amb penes i treballs va acabar l'escrit, el va doblegar amb cura i el va enfundar en un sobre. Va sospirar. Poc després va sentir una veu que no permetia confusió.

—Marquès? Marquèèès? Que hi ets?

El caparró del savi Salomó va emergir de la penombra, lluent de suor. A les mans hi portava la inseparable gorra, i a les ulleres, els seus greixos estimats. No era fàcil veure-li els ulls, a causa de la llum escassa i de la pel·lícula consolidada que li cobria les lents. Però només amb l'alè desbocat i els gestos —les arrufades de nas i el regirar de gorra amb els dits—, ja s'entenia que el consumia un fort entusiasme.

—Quina refotuda notícia portes, ara? —va preguntar l'amic, sense alçar-se—. T'han deixat quedar al pis?

—No, bé, potser sí, un dia d'aquests, qui ho sap, però no...

—I doncs?

El savi es va avançar, i va exhibir tota l'esplendor de les seves sabates trenades i del jersei condecorat. Portava una llàntia de tomàquet a la panxa i un gran reguerot de vi al pit esquerre, que destacaven en una atapeïda constel·lació de medalles menors. En aquell moment, qualsevol hauria jurat que les lluïa amb més fervor que el porter de l'hotel Ritz.

—Tot s'ha arreglat —va dibuixar un somriure insegur—. I vénen cap aquí, tots tres. Tot correcte, diuen. Tots tres. I contents, sembla. És increïble, és un miracle. Més gros que allò de sant Hipòlit, quan...

—Tots tres, quins tres? Contents, de què? Qui?

—És que són a punt d'arribar. Me'ls he trobat a tocar

d'aquí, a l'alçada del pati Llimona, on va néixer sant Simplici, el que va arribar a papa, i on diuen que també hi va néixer Cristòfor Colom, el navegant que...

—Qui et va parir! Sé molt bé qui era en Colom, i he estat mil vegades al pati Llimona, tros de ruc! I el sant Simplista aquest... Mira, vols dir-me què passa, d'una punyetera vegada?

—No t'ho creuràs...

—L'hòstia, Salomó, que te la tallo a rodanxes! Afluixa ja!

—El... el teu fill. Sí, l'Esteve, i el nano, i la dona, com se'n diu? Paula, o Lídia, o Dúnia...

—Què dius!? —es va aixecar de cop—. Mira que no estic per conyes, ara.

—T'ho juro, t'ho perjuro. Pel que més estimo. Per, per... —va provar de buscar un ésser sagrat, però no se'n va sortir—... pels segles dels segles. Tots tres. Ja deuen ser a la cantonada.

—Merdes —es va allisar l'americana, de forma mecànica—. No havien vingut mai, tots tres. Això no pot ser bo. O sí, merdes. No ho sé. Merda de vaca pudenta. Escolta —va fer de cop—: queda't aquest sobre. Amaga-te'l i no el treguis fins que em mori, d'acord? Entesos? Fins que jo estigui criant malves, ho has entès, espècie de soca? Ho tens clar? I ni una paraula, eh?

—Ah —el va inspeccionar de tots costats—. Els secrets del passat, oi? Però escolta, i si m'enterren abans a mi? Què en faig, d'això?

—Res, capsigrany. Si et mors, prou feina tindràs a morir-te. I amaga-te'l, t'he dit! És que ets una maledicció del cel, no he conegut a ningú tan pallús... Més endins, coi, que es veu la punteta... Com pots ser tan beneitó?

—Ei avi, què passa, hola avi!

Entrava l'Arnau, esquivant els trastos amb fintes hàbils, els braços penjant i les vambes per davant, com qualsevol noi que s'acosta als deu anys, però amb una lluïssor molt especial als ulls. L'avi va obrir els braços, el va estrènyer i no va dir res, perquè el seu gest congestionat ja ho deia tot. Mai no havien estat tant de temps sense veure's. Va tustar l'esquena al nét, a poc a poc, i per damunt del cap del nano va endevinar les ombres aigualides del fill i de la jove, com sempre en plena discussió.

—L'has trepitjat, Esteve —anava dient ella—. Ho he vist amb els meus propis ulls. I tant que l'has trepitjat, encara deus portar alguna cosa enganxada a la sabata. És que no mires per on camines!

—Dona, no t'escandalitzis —feia el marit—. No n'hi ha per tant.

—Quin fàstic. Has relliscat i tot. Mira, encara em vénen basques. Fes el favor d'anar al lavabo, hosti. Ja saps que no puc suportar...

Van callar quan es van adonar que el savi Salomó i els altres dos, que encara s'agafaven les espatlles, els estaven observant. El nen somreia exultant, i es mirava els pares per pura badoqueria. Els dos vells els interrogaven amb els ulls, però tenien tantes preguntes al pap que no encertaven a arrencar.

—Hola Silvestre. És que el porc del teu fill... —va engegar la Júlia—. Saps què vull dir?

—Res, no ha passat res —l'Esteve.

—Et sembla poc? No penso tornar a posar els peus en aquest carrer, em sents? Tu ja m'entens —va simular una arcada—. Quina marranada, per favor!

—Dona, només era un preservatiu.

El marquès va fer petar la llengua, empipat de tanta cridòria per una miserable goma. Va deixar que la disputa seguís el seu curs, fins que se'n va atipar i va interrompre la comèdia.

—Heu vingut fins aquí a parlar de condons?

La dona es va mossegar el llavi i va girar la vista. L'Esteve va respirar alleugerit, ell que no tenia cap interès a debatre sobre els profilàctics sense sostre, trepitjats o no. I va amorosir el rostre, en una expressió que son pare no havia vist des de feia temps. Li va semblar, a l'expolicia, que el seu fill tornava a mirar-lo amb aquells ulls de joventut.

Va ser una impressió fugaç, només un instant, però va ser poderosa. Aquella criatura tornava a ser el seu fill, el dels cabells llargs, el que es plantava davant del Liceu per escridassar burgesos, el que feia veure que volia un món millor, el que discutia a casa perquè aspirava a canviar les coses. El que ell havia hagut de rescatar de les mans dels comissaris, el rebel amb un cap ple de pardals. El noi normal, el d'abans de la mort de la Mercè. Va ser un moment escàs, però el moment va existir. Després va adoptar el seu posat de sempre. Un poc estovat, això sí.

—*U* que t'hem vingut a dir... —va fer una pausa—. Mira, pare, no ha estat fàcil, ja saps, els procediments. Però crec que ho podrem finalitzar, si els de l'Ecologia del Paisatge no paralitzen l'expedient. Em vinc a referir... em segueixes, oi?

El marquès va alçar les celles, va prémer els llavis, i va confessar la seva desorientació.

—No, Esteve, la veritat... Potser si m'ho expliques amb paraules...

—Que sí, avi, que sí —l'Arnau va picar l'esquena del marquès, amb un somriure d'orella a orella, la mirada clavada en els seus pares—. Que podràs acabar el mural, home!

El vell no sabia quina cara fer. Obria els ulls i parpellejava. Esbossava un somriure, que li caducava de seguida. Es gratava el nas i deixava caure les mans. I repassava els tres membres de la família, de dalt a baix.

—Però si m'ho han precintat...

—Ja no —va anunciar l'Esteve, i va allargar un paper

oficial a son pare—. Ho hem declarat acció d'interès artístic. El jutjat ho ha desprecintat, i... tens tots els permisos en regla. Pots acabar-ho dins de la legalitat, saps què vull dir? Potser no t'agradarà tant com quan estaves, per dir-ho així, al marge del reglament, però...

—... que potser no m'agradarà tant? —va murmurar el marquès, els ulls com taronges—. M'agrada, m'agrada més. I l'Arnau?

—L'Arnau s'estaria millor a casa —va dir la dona—... penso jo. Però n'hem parlat molt, i l'Esteve no ho veu així, i el nen tampoc. I jo el que vull és la felicitat del meu fill, oi, patufet?

—Ho has sentit, avi? Dos a un —va anunciar el noi.

—Ho he sentit, pinxo, i tant que ho he sentit —va respondre en Silvestre Guillamet—. El cas és que no sé, encara no sé si creure-m'ho, és que...

—Amb una condició —va afegir l'Esteve—. Ho hem estat discutint amb la Júlia, i és una qüestió de principis. Creiem que...

—Que hauries de fer servir materials reciclables —va sentenciar la dona.

—Reciclables? Hmmm... —l'avi es va gratar la barbeta—. Entesos, bé, no hi veig problema. Com si els voleu reinflables. Sí, sí, no patiu. Reciclables de colló de mico. Això està fet.

Ningú no es va abraçar, ningú no va donar les gràcies a ningú. El marquès va començar a fer cops de cap, petits i lents, tot mirant el seu fill. L'Esteve i la Júlia van restar palplantats, les mans creuades al davant, insinuant un somriure magnànim, satisfets del seu accés de bondat. Fins que la paràlisi es va trencar amb un so de telèfon mòbil, una tonadeta de moda. La dona va escorcollar la bossa, va localitzar l'aparell i va respondre. Tot seguit, va sortir amb el pretext que no tenia cobertura.

—I com és? No entenc res —el marquès va treure un mocador de la butxaca—. Què ha canviat? Com...?

—He agilitzat unes quantes gestions —va explicar l'Esteve—. No ha estat tan complicat. Per què? Doncs perquè... perquè... potser que li ho demanis a aquest.

Va assenyalar amb el cap el savi Salomó, que s'havia mantingut en un discret segon pla. L'erudit va abaixar la closca, en signe de modèstia, i va continuar palpant-se la boina.

La Júlia va tornar a irrompre en escena.

—Hem de marxar, *carinyo* —va ordenar—. Tinc mil coses a fer, i demà marxo a primera hora. Ja està fet, oi? —va mirar el marquès—. Doncs au, que fem tard.

—Sí, sí.

L'Esteve es va deixar estirar per la seva esposa, i va fer-se fonedís, deixant el nen en companyia de l'avi i de l'amic benefactor. El savi Salomó va esdevenir aleshores, naturalment, el centre d'atenció.

—Vejam, Salvador González i Fullat —el marquès va pronunciar el nom de bateig del savi, com per recalcar l'estranyesa del moment—. Què has fet? Quina mosca li ha picat, al meu fill?

—No, jo... No gaire res, home —es va pujar les ulleres—. Vaig anar a veure'l, i vaig aconseguir que tots tres baixessin a veure el mural. El teu fill va dir: «Déu meu, està com un llum», va fer mitja llagrimeta, i va decidir que et mereixies un cop de mà.

—Així de sobte?

—Tampoc no són sempre tan dolents, els meus pares —va protestar el nen.

—Jo mai no ho he dit, això —el marquès al seu nét—. Mai, em sents, mai! Però —al Salomó— un canvi tan brusc, no ho sé...

—Bé, li vaig recitar el poema de Yeats.

—Llits? Quins llits? Li vas recitar un poema eròtic, a l'Esteve?

—Yeats, un poeta irlandès. I ho vaig fer en anglès. Em va semblar que al teu fill, tal com presumeix de llengües, doncs potser li estovaria el cor, i és clar, la força dramàtica de Yeats, que és insuperable, in-su-pe-ra-ble, doncs, perquè combina la cadència de la seva parla amb la musicalitat de...

—Recony, para el carro —va imposar-se amb un cop de celles—. Què, me'l cantes o què? I en cristià, si pot ser.

—Ah, és molt conegut. Fa així —va posar els ulls en blanc—: «Jo, que sóc pobre, només tinc els meus somnis. He estès els meus somnis als teus peus. Camina lleuger, perquè camines sobre els meus somnis.» Preciós, oi?

L'expolicia no va reaccionar. La mirada se li havia glaçat, les mans també, i ja no s'ajustava la jaqueta ni es planxava els cabells. Esguardava la calba del savi amb intensitat, i no es podia saber si esclataria en plors, si abraçaria el seu amic o si li clavaria un bolet. Al cap d'una estona va afluixar el gest, va eixamplar l'expressió i es va acostar al col·lega amb les mans esteses. Li va prendre el cap per les dues galtes, més mal afaitades que de costum, i li va plantar un petó a la closca nua.

—T'estimo, gamarús. Ecs —va deixar anar el cap de l'altre, i es va esbandir els llavis—, estàs llardós, tu no t'has dutxat des de la guerra de Cuba.

Un, dos, tres. Tres segons de silenci. Després va explotar la joia. El marquès va tancar els ulls, va prémer els punys i va xisclar. El savi Salomó plorava d'alegria, anava sacsejant el cap i havia d'aguantar-se les ulleres perquè no li caiguessin. L'Arnau aixecava els dits en signe de victòria i de tant en tant picava l'esquena del seu avi. El marquès d'Escudellers es va posar a riure com un ratolí febrós, després com una guineu i finalment com una hiena desbocada. Li feia mal el pit, i es posava la mà sota l'aixella, però li importava ben poc i no podia parar de riure. L'erudit li va agafar el colze.

—Seu, home, seu, he, he —deia el savi entre xuclades—. Que encara t'hi quedaràs. He, he, he.

—Ha, ha, deixa'm estar —feia l'altre—. No em toquis els pebrots, ha, ha ha. Deixa'm viure, ha, ha, vull viure, no ho veus? Ha, ha, ha... Visca el savi gamarús, ha, ha, visca la mare que el va parir, malgirbat, ha, ha, Salomó malparit, ha, ha, ha!

—Hem guanyat —l'Arnau saltava al voltant dels dos vells—, uatxi, ja està fet! El meu mural, ho, ho!

El marquès va esperar que es gastés el brot d'entusiasme, va seure, es va eixugar el front i va respirar fondo.

—Un moment. Uf, un moment. Encara no estem.

—És cert —va caure el docte amic—. Ens queda això de la reciclada. Com ens ho farem? Ja ho hem pintat gairebé tot, i...

—No diguis rucades, m'importa un rave el reciclatge.

—Què vols dir? —va insistir el savi—. T'hi has compromès, oi?

—A prendre vent. Volen coses naturals? —el marquès va desafiar el món amb la mirada—. Doncs mira, hi posarem una bona capa de merda i de pixums. Vet aquí el reciclatge.

—Tros de bèstia. No tens remei —va sospirar l'altre—. Bé, doncs això vol dir que ja estem al cap del carrer. Suposo que el que falta és cosa teva, no? Els altres ja podem tornar a casa.

—No senyor —l'avi es va alçar i va suportar la fiblada que li pujava—. Aquest número no s'ha acabat. I jo el vull acabar bé, encara que sigui l'última cosa que faci. Falten quatre cops de brotxa, però els farem entre tots.

—Ah —el savi—. Doncs tu manes.

El nen es va quadrar en una salutació militar.

—A les seves ordres, marquès.

—Així m'agrada.

—Una cosa —va intervenir el savi—. Què en faig, d'allò?

—El què?

—Allò —l'erudit es va palpar el pit, i va fer l'ullet—. T'ho torno, o què? El sobre, home...

—Ah, no. De cap manera. Guarda'l ben amagat, com t'he dit. Tenim coses pendents, encara no hem acabat. Vinga, aviseu tothom. Tu, Arnau —el va assenyalar—, a buscar la Coixa. Saps on viu, oi que sí? I tu, Salomó, els filipins i les negretes aquelles. Jo m'acostaré al Potiner. Apa, moveu el cul. Se'ns ha girat feina.

—Sí senyor —van dir tots dos alhora.

—Au, tots a pintar! —va exclamar el vell, tot alçant un dit—. Ha arribat l'hora. Glòria a Déu a les altures, i aquí baix, tot Cristo a pintar! Ara el món sabrà de què és capaç el marquès d'Escudellers.

Finalment, havia despuntat el gran dia, el dia en què el Pinxo complia els seus deu anys. Al voltant del mural s'hi aplegaven els elegits, aquell grup de personalitats que havien ajudat a fer l'obra mestra. El fresc estava gairebé enllestit, i només gairebé, perquè a darrera hora, quan ja començaven a desarmar la bastida, el marquès havia reparat en un oblit imperdonable. L'home s'havia fixat amb horror que enlloc no hi apareixia el nom de Madame Petit, el bordell més cèlebre i selecte de tots els temps. Va haver d'aturar la feina de desmuntatge, i fer pujar una jove meuca nigeriana, de sòlid virtuosisme plàstic, per reparar el greuge. Mentre la donzella immortalitzava el nom d'aquell establiment a la paret, encabint un nou estel a l'arc de la fama, en Silvestre Guillamet va decidir que marxaria un moment a comprar xurros i moscatell per als seus artistes.

Potser no hauria d'haver abandonat l'escena en el darrer moment. Potser, dirien les males veus, el marquès havia tornat a abraçar la seva maledicció en l'hora crítica, quan tot just faltava un retoc per assolir el somni. Potser sí, però no era comprensible que un avi volgués celebrar l'aniversari del nét, i que ho volgués remullar amb vi del bo? No era natural que obeís el seu rampell de generositat envers els treballadors, els que havien fet possible aquella meravella? Oi que sí? Qualsevol ho hauria fet. A més, ell era un esperit noble, i era nat a la Barcelona antiga: el seu defecte consistia a gastar brots de vanitat ben sovint, però també a compensar-ho amb un filó de caritat moderada i esporàdica. Va escapar-se un moment amb el Nelson, doncs, amb la intenció d'organitzar un refrigeri discret per als seus abnegats col·laboradors.

Al voltant del mural hi van quedar les figures vivents que havien pres part en la gesta. Hi faltaven el marquès i el Nelson, que havien marxat en l'esmentada expedició, tan banal com fatídica. Tampoc no hi era l'Ahmed el moro, massa ocupat a expiar els seus pecats entre barrots; ni els pares de l'Arnau, que havien trobat altra feina; ni els difunts, és clar, entre els quals s'hi comptava el pobre Moreno i tantes altres estrelles que, involuntàriament, brillaven en aquell exercici de glorificació de temps passats. Però hi eren la Coixa i el savi Salomó, doctorats en l'art de badar. Hi havia l'Arnau, fresc i preguntaire com sempre, que portava els seus petits jocs electrònics a la butxaca. També pul·lulaven per allà el Prudencio i la Felicity, les cares més amples que mai; el Sonny, que feia reverberar la seva rialleta pels carrerons del barri; el Benito, l'Aguinaldo, el Quirino, la Dolores, la Lucena, la Cruz i l'Estela; l'Onitsha, la Minnie i la Fanta, i l'explosiva Titola, que havia estat l'escollida per rematar la pintura.

Hi eren tots, en un improvisat Fòrum de les Cultures

de barriada, animat i jovial com no n'hi havia cap altre. Els filipins hi havien acudit amb els vestits de gala, que consistien en unes samarretes del Barça ben lluents, bermudes fins als turmells i xancletes. Les africanes vestien els uniformes de nit, diàfans i que s'arrapaven a la suor de la pell; una suor que no tenia res a veure, per elegir un exemple a l'atzar, amb la que desprenia la closca del savi Salomó. La Fermina havia fet un esforç per triar el xandall que menys arrossegava per terra, i el Salomó havia causat sensació amb la novetat més misteriosa de la jornada, que consistia en unes ulleres netes i polides. Ningú no s'explicava com havia arribat a assolir un grau de transparència tan inèdit, i tan perjudicial a la seva visió, perquè aviat va comprovar que era incapaç d'aguantar la blancor refulgent de l'americana del Sonny.

Tots plegats formaven una Lliga de les Nacions de la brotxa, sense protocols i sense diplomàcies, encantada d'haver-se conegut i d'haver aconseguit allò que semblava impossible. Esperaven el seu líder natural, que d'un moment a l'altre havia de tornar carregat de xurros, i no tenien gran cosa a fer. No pas gran cosa, més enllà de conversar, comentar la jugada i criticar el gran retaule, prou visible darrere la bastida.

—Així, tu també ets un polígon —li preguntava la Coixa al Sonny.

—Com dius?

—Que tens moltes dones. Polígon.

—Hi, hi, quina gràcia —va esclafir a riure— Hi, hi, hi, polígon, sí, potser, potser sí que sóc un polígon!

—Què passa —va protestar ella—. Jo ja sé que tots els africans ho sou, com el gran cartilaginós.

—Qui?

—El dels elefants, el general aquell.

—Ah, quina gràcia, cartiligi...! Hi, hi, hi —es va aguantar les ulleres de sol per poder-se partir de riure—. És la conya, la tia aquesta, i el general... com ho has dit? Sí, hi, hi, potser sí, el cartagi... el cartigi... hi, hi, el cartaligi... hi, hi, hi!

—Bé, digues —va continuar la dona, impassible—, què et sembla la pintura, és tal com te l'esperaves?

—Sí, potser sí —el Colgate va fer un esforç per contenir-se, però no va poder—. Hi, hi, hi, cartoli..., cartajonós..., hi, hi, que bo, que bo!

—Doncs jo penso —va afegir la Fermina— que com més t'esperes una cosa, menys t'agrada quan la veus.

—Ah... —l'home va haver de dedicar un instant a la reflexió—. Doncs potser sí, potser tens raó. Com més ho vols, més et frustres. Hi, hi, i tant, per això no t'has casat, oi?

—No ho sé. Depèn, depèn amb qui. Hi va haver un mariner americà —va esbossar una ganyota—, que estava boig per mi. Quan va marxar, em va enviar un sobre ple de dòlars per anar al seu país, i jo no hi vaig anar. Em vaig quedar els dòlars i vaig pensar mira, per decepcions, Fermina, no cal que t'amoïnis, a casa en trobaràs totes les que vulguis. No cal anar a Amèrica.

—Boníssima, aquesta! —va exhibir una filera perfecta de dents—. Hi, hi, és clar, no cal anar als USA, no cal! Quina gràcia, la tia...

—Amb algun m'hi hauria casat, però. Amb el marquès, i també amb l'Ahmed. Però jo no podia ser una esposa, jo sempre he estat el que sóc. Sóc el que sóc.

—Bah, ets una canya de tia! Una canya coixa, però una canya —es va fer gràcia a ell mateix—. Sí, una canya coixa, hi, hi, potser sí, una coixa canya, hi, hi! Ara, amb l'Ahmed, després d'allò, vull dir de la coixa, de la canya, hi, hi, després d'allò, com podies pensar que...?

—Després de què?

—De què, diu, hi, hi, quina gràcia —va encongir les espatlles—. De què, hi, hi... Doncs d'allò del balcó, coi, tu també! Et va fotre daltabaix, no? El marquès em va explicar que...

—El marquès s'ho inventa tot —va fer petar la llengua—. S'inventa la història que li convé, i avall. Jo vaig caure d'una moto, la moto d'un client, i em vaig fer la cama a miques. L'Ahmed no em va tocar, vull dir aquella nit no.

Per una vegada a la vida, i sense cap intenció de crear precedent, el Sonny Colgate va deixar passar un silenci. Es va treure les ulleres fosques i va estudiar la dona amb uns ulls desorbitats.

—Així, no va ser l'Ahmed? Així, no va passar res? Però si jo et vaig veure com se t'enduia!

—Oh i tant, però em va deixar anar de seguida. I jo vaig trobar un tio que portava moto, i li vaig dir que em tragués volant d'aquell merder. El marquès no em va veure fins que ja era a l'hospital, va ser llavors quan va abandonar la batuda.

El Sonny es va tornar a posar les ulleres.

—Així, jo no... jo no vaig ser el culpable! —va obrir la boca en un somriure, més ample que la cara—. Fiiiiill de puta, pocavergonya! S'ho va inventar tot, hi, hi. Quina gràcia, el cabró, potser sí, quina barra! Hi, hi, quin penques, hi, hi, hi!

Sense deixar de riure, i de fer negacions amb el cap, el Colgate es va acostar a les seves odalisques, perquè les pubilles estaven iniciant una aproximació poc convenient als nois filipins. El negre estava molt interessat en les revelacions de la Coixa, però la vida l'obligava a tenir sempre un ull posat en el gènere, així que es va disposar a tallar qualsevol excés de relació amb uns mossos que no feien gaire cara de bons pagadors. A l'hora de la veritat, es va ensopegar amb una conversa d'allò més inofensiva, complicada per les barreres idiomàtiques, i li va tocar fer de traductor intèrpret.

—Sonny —va saltar l'Onitsha—. Com els puc dir que els musulmans són un perill?

—*Muslim* —el Colgate no es va complicar la vida—. *Muslim no good.*

—Ah, massama —van coincidir els filipins—. Muslim massama. Matar muslims.

El Sonny va veure que la canalla només es divertia, i va tornar a deixar soles les noies. Sense l'àngel custodi, les africanes van passar de seguida a temes majors.

—Ara dormim al terrat —va apuntar la Fanta—. Ja no hi cabem, al pis, i ens han tret. Si veniu a la nit, al terrat, podríem...

—Muslim massama —va repetir un dels nois, que no havia entès la insinuació.

—Tu el que vols és un clau —va engegar la Minnie.

—Muslim massama —hi va tornar.

—Un clau, xato, un clau —va recalcar l'Onitsha, amb un lleu moviment de mans i de maluc.

—Ah, mabuti, mabuti! —van respondre els xicots a cor.

Unes passes més enllà, les emocions pujaven fins al seu punt més àlgid, perquè era on s'havien situat el savi i l'Arnau; ells eren els que millor podien captar la càrrega sentimental del mural a punt d'inaugurar. Per al cronista del barri, aquell era un moment feliç, ja que havia aconseguit infiltrar a la composició pictòrica el seu sant Hipòlit, acompanyat de càntirs i tot... i de les Llanceres de la Llibertat! Però el vell Salomó era d'esperit ambiciós, quan es tractava d'abordar la memòria històrica, i trobava que la cosa encara s'hauria pogut millorar. Com que ell no hi entenia, dels assumptes de la carn, centrava el seu peculiar erotisme en l'excitació de l'anècdota, l'orgasme històric i l'ànsia de la recopilació. I provava d'encomanar-ho al pinxo, a tall d'ensenyament per a algú que aviat hauria d'ingressar en el món dels adults.

—Què vols que et digui —assenyalava el mural—, jo hi hauria retratat algun palau gòtic.

—Ah sí, per què? —va preguntar l'incaut del nano.

—Noi, és evident, és un tret distintiu d'aquests carrers. Cap a mar —va estirar el braç—, els marquesos d'Alfarràs, els Cardona i tants altres: allà hi van sojornar Cervantes, Richelieu, Giacomo Casanova, i tots els reis de l'època. Et sembla poc? Cap a la catedral —va allargar l'altre braç—, el carrer de Gignàs, abans farcit de senyors, i el casal del comte de la Rosa, d'on ve el nom del carrer, i el mateix palau d'al-Mansur, ho sents? Al-man-sur, jove, amb tresor amagat i tot! Què? No es mereixen un recordatori, tots aquests luxes pretèrits?

—Un tresor, on?

L'Arnau mirava a terra i es feia el desmenjat, però l'altre va clissar que havia ensopegat un filó productiu.

—Doncs al carrer Regomir, on ara hi ha la placeta. Mira, quan els cristians van fer fora l'al-Mansur, que era un rei moro, van ocupar el seu palau. I com que el mahometà havia sortit tan ràpid, s'hi va deixar el seu tresor. Els comtes catalans van buscar sota les pedres, però no hi van trobar res. Això vol dir que, segurament, si busquéssim prou, avui encara hi trobaríem tot l'or del rei moro. Una autèntica fortuna, noi, una for-tu-na!

—No podríem anar a veure si...?

—Quan siguis gran, noi. A mi ja m'ha passat l'edat dels tresors. Però no entenc —es va gratar sota la boina—, de debò, no entenc com el teu avi no ha volgut, si més no, retratar algun dels antics casals. Com ara els fets històrics, molt importants, molt! Fets tre-pi-dants, que es van esdevenir aquí. Sense anar més lluny, durant la Guerra dels Segadors, van enxampar el virrei al carrer Maleït, a prop de la Mercè, i el van segar a cops de falç. Tu no creus que això, en un mural com aquest, no hauria resultat memorable? Memo-ra-ble, noi, me-mo-ra-ble.

—Que t'agraden les desgràcies, Salomó?

—Home, no és això —va jugar amb un botó del jersei, com sempre cordat a deshora—. Però els conflictes, els avalots, els polítics, tot forma part de la nostra història. O no?

—A mi no m'agraden les guerres de veritat, però a les pel·lícules sí, són *guais*. I els polítics són uns pesats. Els que surten a la tele, vull dir.

El savi Salomó va guardar respecte davant les observacions del pinxo, que va considerar plenes de sentit comú. Després va continuar.

—La Guerra Civil, vet aquí, sense anar més lluny. Tu saps la quantitat de coses que hi van passar, en aquests carrers? La insurrecció dels militars, la revolució, els Fets de maig... No creus que hauria pagat la pena, evocar tot això?

L'Arnau no va dir ni que sí ni que no. Per una banda, pressentia que era exagerat que la celebració dels seus deu anys fos el pretext per construir una pinacoteca històrica. Per l'altra, s'ensumava que la seva vida no s'explicava sense molts dels secrets que guardaven aquelles pedres, secrets que algun dia serien tan impenetrables com les mateixes pedres.

—El pare de l'avi va morir durant la guerra, oi?

—Uf! —el savi es va pujar les ulleres i va parpellejar ben fort—. Això ho hauries de demanar al marquès, jo no sóc ningú per... Et puc dir que feia cartells, per als republicans, i que quan aquests van perdre la guerra, doncs... —va fer el gest de tallar-se el seu propi coll—. Saps? Crec que el teu avi mai no ha volgut ensenyar els seus quadres per això. Per mor del seu pare, que va acabar afusellat perquè va ensenyar els seus dibuixos. Crec que és així, però no ho sé, aquestes coses són tan personals, i fa tants anys... No t'ho sabria dir, noi, i potser ja he parlat massa.

—Allò el va traumatitzar —va sentenciar el noi—. Ho he sentit dir casa molts cops.

—Sí, molt bé, és la paraula. Trau-ma-tit-zar. Exacte noi, ets ben bé un tros de pinxo! —es va empastifar les ulleres amb els dits, ja es veia que allò no havia de durar—. Doncs diria que la mort del pare és el pitjor que li va passar al teu avi. Tret de l'assassinat de la Mercè, és clar. Allò que entrés un malfactor a casa i matés la seva dona, justament quan ell era policia...

—A l'àvia Mercè no la va matar ningú.

—Ah, bé.

D'entrada, el vell no es va alterar. Però de sobte va fer una ganyota, i es va fixar en el minyó, apurant la mirada rere els vidres gruixuts.

—Com dius?

—El meu pare m'ha explicat que l'avi havia sortit per la feina, una nit que hi havia molt moviment, i que després es va perdre no sé on, i que va estar moltes hores fora.

—Sí, sí, tot això ja ho sé. Però —es va treure la boina—, aviam, dius que no la van assassinar? Ho diu el teu pare?

L'Arnau va xutar una pedreta amb el peu.

—Sempre m'ha dit això. Que va morir al seu llit, d'un atac de cor, i que l'avi va trigar molt a aparèixer. I que li va saber molt de greu, perquè...

—Dimoni, aquesta sí que és bona. O dolenta, vaja.

El savi Salomó no va poder continuar amb l'interrogatori. De fet, els filipins i les nigerianes tampoc no van poder rematar el festeig. I la Fermina, i el Sonny Colgate, i tots els que eren allà, van haver de deixar el que estaven fent i es van quedar amb la paraula a la boca. De l'altra banda del carrer es van sentir els crits del Nelson, el Potiner, que venia atabalat de valent. Corria cap al grup, la cueta en dansa i els braços en creu.

—El marquès, el marquès!

També en aquell moment precís, mireu com són les coses, va sortir una bicicleta disparada d'un carreró. Els que miraven la cursa esverada del Potiner van exclamar-se, veient que una i altra trajectòria estaven condemnades a topar. Però no hi van poder fer res, i el Potiner va rebre de valent. La bicicleta el va enforquillar pel llom, el va llançar contra la paret i tot seguit li va caure al damunt amb un estrèpit de ferralla vella. El grup en bloc va precipitar-se sobre l'escena: els filipins i el Colgate van voler estovar el ciclista, un noi prim i ros, amb un sarronet de cuiro, que no entenia res del que havia passat. La resta van imposar el seu bon criteri, i van optar per socórrer el Nelson. El van estirar a la via pública i el van ventar per deixondir-lo.

—Què tens, Nelson?

—El marquès... pobret, el bon Déu... la Verge estimadeta...

—Sí, i el Jesuset de la creu —el Sonny—. Què ha passat?

—El cor —la Coixa—, li ha fallat el cor. Mira que li tenia dit, jo, que...

—No, no —el Potiner va prendre alè—. Ai, el senyoret marquès, ai pobret, ai Déu meu dels desgraciadets, ai la Patxamama... Ai per exemple...

—Que li ha passat, a l'avi? —va suplicar l'Arnau.

—El teu avi, pobre ninet, que el bon Jesuset l'ajudi... Un autobús, un autobús, d'aquests dels turistes. Ai, que l'ha envestit, Déu meu, a la Rambla, sí, Déu del cel.

Es va produir una escampada general. El Sonny va prendre la bicicleta i, davant la mirada atordida del ciclista, va provar de sortir disparat: però la roda estava massa abonyegada, i al cap de poc la va deixar tirada i va arrencar a córrer. Les noies negres i una de les filipines el van seguir. El savi Salomó va pescar al vol la mà de l'Arnau i, com va poder, li va seguir el pas. Els filipins van fer una darrera mirada al ciclista estabornit, li van estirar el sarronet de cuiro, i després van encalçar el grup. A la Fermina se li va encongir el pit i, com que li faltaven les paraules, es va empassar la veu. Com que era coixa, encara que només d'una sola cama, es va quedar enrere. Va tenir temps per fer una darrera ullada a la paret i a la bastida, i allà dalt va clissar la Titola, que cridava a ple pulmó per saber quina una els havia agafat a tots.

—Ei, què passa, què passa!

La Fermina no va replicar. Es va encongir d'espatlles, va fer mitja volta i va iniciar el penós arrossegament de la pròpia extremitat. Llavors va fer una pausa, va tornar a observar el mural, va girar cua de nou i va murmurar, en veu molt baixa.

—Doncs que quan encens el cigarret, arriba l'autobús. Mai no disfrutem de res. Això és el que ha passat.

En Silvestre Guillamet, marquès d'Escudellers, mai no va poder acabar res. No va arribar al final del seu noble ofici de guàrdia municipal, perquè el van expulsar abans de retirar-se. La seva dona va morir de forma prematura, o la van matar, tant és, el cas és que la partença de la Mercè no va permetre que el matrimoni esgotés el seu mandat natural. Els dubtes sobre la mort de l'esposa i sobre l'accident de la Fermina ja no es van poder resoldre, i els rumors diversos sobre els fets succeïts aquell dia funest es van acabar dissolent en la contradicció. El marquès no va enllestir mai la col·lecció de retrats famosos que guardava al seu taller. I sobretot, no va poder posar el punt final a la seva obra culminant, la rúbrica d'aquell mural que havia de commemorar l'aniversari del seu nét, l'Arnau el Pinxo.

La Coixa tenia raó. Quan ets a punt d'assaborir la cigarreta definitiva, la més desitjada de totes, passa l'autobús de la vida i t'obliga a apagar-la. Res no s'acaba en el món. Val a dir que aquesta enorme veritat té el seu costat agraït, o esperançador, que és la derrota de la finitud. La vida no és com a les pel·lícules, perquè no hi ha finals rodons, i res no desapareix mai del tot. El marquès va expirar poques hores després de ser atropellat en plena Rambla, el seu nervi va ser ofegat per les lesions irreversibles que el seu cos no va saber suportar. Però en una paret mitgera de la Barcelona vella, el seu testimoni, el magnífic testimoni del seu temps i del seu món, va restar immortalitzat en un mural que viurà fins que alguna immobiliària ho decideixi. La trista condició dels mortals és infinitament preciosa, o gairebé.

—Era impossible que, per allà on passava en Silvestre Guillamet, hi hagués un desert d'indiferència.

Ho va dir el seu fill, l'Esteve, el dia del funeral. Déu n'hi do: sense arribar a la categoria de frase genial, l'expressió era ben certa. El marquès d'Escudellers sempre va tenir criteri, potser massa i tot, fins i tot quan no calia tenir cap criteri. La veritat és que va encomanar el seu aire partisà a tots els que l'envoltaven, per adhesió o per rebuig. I el fill, en un honorable tribut al mort, ho va reconèixer. El mèrit de l'Esteve era doble, perquè havia coincidit poques vegades amb el judici de son pare, i també perquè elogiava allò que més li mancava a ell, al primogènit. Va enaltir el partidisme furiós del marquès, tan remot i tan distint del relativisme cultural a la moda. La capacitat del difunt de prendre partit, per ser sanguini i rotund fins a la intolerància, era propi d'una raça en regressió.

—Va viure molt sol, les coses com són —va remarcar el savi Salomó amb llàgrimes als ulls—. I si bé per la solitud no va arribar a la felicitat, com a mínim va evitar la infelicitat.

Aquest comentari era molt propi de l'erudit de barri, que sabia a la perfecció del que parlava. A diferència del marquès, el col·lega era un solitari a la força; l'altre era un ermità vocacional, envoltat de gent i de família però portador de la seva única i solitària raó. Amb tot, malgrat les motivacions diferents, tots dos eren solitaris, i per això s'havien ajuntat. El savi comprenia molt bé el seu amic misogin. Per això va buscar els que havien pres part en el cèlebre mural i, després de les exèquies, els va convocar al lloc sagrat. Va ferlos retirar la bastida i va convidar-los a contemplar, una llarga estona, la composició. Amb el decés de l'artífex, aquella pintura adquiria un significat especial. La Nativitat presidida pel marquès, els noms dels establiments històrics, els frisos plens de vida, la barreja d'aportacions americanes, africanes i asiàtiques, prenien tot l'aire d'un monument.

Els convocats van dipositar flors als peus del mural. Tot plegat, al savi Salomó li va semblar poca cosa, i va manifestar que al marquès li hauria agradat un comiat millor. La Coixa es va despenjar amb una proposta.

—Podríem anar al taxista de la plaça Reial.

—On?

—Aquell que té lleons i tigres. El Dalí hi va anar més d'una vegada, té molt de renom.

—El taxidermista? —va fer el Salomó, esverat—. Fermina, per favor, que el vols dissecar?

Per fortuna, el taxidermista ja havia plegat feia una dotzena d'anys. Es va descartar aquella insensatesa, doncs, i el savi va proposar que signessin el gran retaule amb el nom del seu creador. Tothom s'hi va mostrar d'acord, i l'honor d'imitar la signatura va correspondre a l'Arnau. Després van acabar l'acció al taller, on s'hi va desplaçar la comitiva per completar, no pas els retrats, però sí la data que el mateix artista havia deixat en blanc al darrer quadre. Sota la seva cara inconfusible, per tant, hi va constar el breu parèntesi d'una vida: Silvestre Guillamet, marquès d'Escudellers (1925-2004).

Seria exagerat afirmar que l'òbit del personatge va causar commoció al barri. Com a molt, ens atreviríem a dir que va provocar mitja commoció, ja que la seva desaparició va haver de compartir glòria amb un altre fet notable de la ciutat baixa. I és que la mateixa nit que el marquès exhalava el darrer sospir a l'hospital, precisament aquella nit, un borratxo s'entrebancava a l'escala d'una finca quan provava d'arribar a la seva pensió. El pobre ebri va tenir la desgràcia de caure de morros, en lloc de caure de cul com fan tots els sacs plens d'alcohol. I va anar rebotent pels esglaons fins a arribar a l'entrada, on el van trobar de matinada amb el cap rebentat.

Ningú no coneixia el nom de la víctima, però tothom sabia el seu malnom, que no era altre que el de Cagundéu. I es comprèn, naturalment, que aquell blasfem incorregible, de passat àcrata i fosc, li disputés l'aurèola de la fama al marquès. Durant uns dies, als bars i les botigues de sempre no es va parlar d'altra cosa: l'estimbada del Cagundéu i, només de postres, el marquès. Fins que va començar la temporada futbolística, tot va tornar a la normalitat, i ja no es va esmentar més ni el nom del sacríleg ni el de l'aristòcrata. Ni els coneguts més propers no van haver d'esforçar-se gaire a oblidar la fi d'aquell marquesat rutilant. Perquè així és com transita la glòria d'aquest món.

Al cap d'uns anys, fins i tot el savi Salomó es va veure obligat a arxivar els records, bons i dolents. Molt a pesar seu, va haver de centrar-se en la misèria de cada dia. Sobretot quan li va arribar la citació judicial que el comminava a abandonar el seu pis, aquell habitacle petit, ronyós i atapeït que l'havia acollit des que era un infant. El primer que va fer va ser caure rendit en una cadira, i quedar-s'hi prop d'una hora sense moure's. El segon que va fer va ser netejar-se les ulleres, o escampar la porqueria dels vidres, ja no caldria ni dir-ho, un bon munt de vegades. I el tercer i definitiu moviment va ser aixecar-se i rebotre contra les parets, de casa i del carrer, fins a arribar a casa de la Coixa.

—M'han fet fora —va confessar amb un fil de veu.

—Es veia venir —es va limitar a dir ella—. Abogats i perculadors, a l'infern de dos en dos.

L'especialitat de la Fermina, per què ens hem d'enganyar, no era pas la d'infondre alegria. El savi Salomó no en va treure cap consol, de l'amiga, més aviat al contrari. Però va obtenir una cosa molt millor, característica d'aquella ciutat que retrocedia, i que consistia en la caritat seca del veí. La Coixa va afillar el vell, que li doblava l'edat, i va donar per fet que a partir d'aleshores compartirien un mateix cau, aquella porteria que encara no havia estat desflorada per la llum del sol. Per deixar-ho ben clar, la dona va fer una rebufada i va acompanyar el Salomó al seu pis. Havien de recollir quatre coses útils i decidir què feien amb una muntanya de fòtils inservibles, i l'enciclopedista més rebregat del veïnat no ho podia fer tot sol.

A l'hora de la veritat, la missió titànica de l'endreça va correspondre a la Fermina tota sola. El savi prou feina va tenir a embrutar-se les ulleres, a lamentar-se del seu infortuni i a apallissar la seva benefactora amb cròniques medievals que no venien al cas. La bona dona va aplicar-se a descartar mitjons desaparellats i pudents, tractats costumistes i pots de menjar per a gossos. De tant en tant, salvava algun document d'identitat o alguna fulla d'afaitar que podien resultar d'utilitat. Quan ja era a punt de donar la inspecció per acabada, va recuperar un sobre tancat que descansava entre dos volums de farmacopea.

—Què és això?

Va allargar el sobre al savi i va demanar-li que llegís el que hi deia.

—Per al Salomó, diu —va anunciar l'altre amb desgana—. De part de... òndia, tu! D'en Silvestre Guillamet, diu, tal i tal.

—És important?

—Verge santíssima, Fermina —el vell es va gratar la closca per sota la boina—. Ja no me'n recordava... Quina patinada, noia, és del marquès! És una carta que em va donar abans de morir, i... Quin desastre, me n'havia oblidat del tot!

—Només recordem les coses inútils.

—Ai, mare meva! Em va demanar que llegís la carta quan ell fos mort, i jo no he estat capaç ni de fer-li aquest favor.

—Doncs li podries fer ara, no et sembla?

—Sí, sí, és clar.

El savi Salomó va obrir el sobre, va treure els fulls de dins i els va desplegar. Va començar a llegir amb un murmuri incomprensible i, a mesura que avançava, anava arrufant el nas. La Fermina se'l mirava impacient.

—Què hi diu?

—És impressionant —va proclamar ell—. Bé, no hi diu res important. Res en concret, vull dir. O sí. És im-pres-sio-nant.

L'ancià havia reviscolat. No hi havia dubte que aquella missiva tenia molt més interès que els mitjons bruts, els llibres esgrogueïts o el menjar de gos. O que la pèrdua del pis. L'amiga estava desconcertada, potser enutjada i tot.

—Escolta, Salomó —va engegar—. Què hem de fer, anar llegint i esperar que vingui la poli?

—Perdona, noia, no t'enfadis —es va pujar les ulleres—. Et sabria greu si... o sigui, si tu vas fent, i jo...? És que em sabria greu, per la memòria del marquès i tot això, saps?

—I ara, de cap manera —va sospirar la Coixa—. Jo he vingut al món per a això. Per anar collint la merda dels altres.

La Fermina va provar d'enllestir la feina, i mentrestant

l'home de lletra es va abocar amb cos i ànima a la carta. Se la va llegir de dalt a baix, més d'una vegada, perquè costava de desxifrar. Tot seguit, va agafar paper i ploma. Li va semblar adequat traduir la carta al català, l'idioma propi del marquès, eliminar-ne totes les paraules brusques i malsonants, i passar-la en net. El passat d'escrivà del savi Salomó va deixar una forta empremta en la nova versió, i en va resultar una prosa ben distinta, potser no en el fons, però clarament en la forma. Si aquell escrit havia d'anar a parar a mans de l'Arnau, més valia que el noi en disposés, a part de l'original, d'una rèplica que es pogués entendre, embellida amb un llenguatge apropiat a la relació entre avi i nét. Quan en va tenir la nova versió llesta, doncs, el savi va deixar penjada la Fermina i se'n va anar a corre-cuita cap a casa del pinxo.

L'Arnau va llegir el text sencer, son pare també, i la seva mare gairebé a mitges. En acabat, tots tres van sostenir un animat debat. El pinxo, emocionat, era partidari de fer-ne una lectura pública. L'Esteve no ho tenia clar, i la Júlia va dir que no comptessin amb ella, perquè creia que segons quins pensaments íntims no s'havien d'escampar als quatre vents, i perquè l'endemà marxava de viatge. El savi va secundar el minyó, i al final van guanyar el plebiscit amb dos vots a favor, un tercer en blanc, i un quart en contra. Allò era el que hauria desitjat el marquès, i de fet ell ho havia expressat ben clar a l'encapçalament: que ho escoltés tothom, deia, i tothom era tothom que comptés per a en Silvestre Guillamet.

El bon Salomó no va perdre temps a convocar la gent. Els va reunir a l'ombra de la paret mitgera, que ja havia patit les primeres agressions, no pas encara dels especuladors urbans, sinó dels mestres dels grafits. Els va reunir allà mateix sota el mural, els de sempre i algun d'afegit, i va cedir el protagonisme a l'Arnau. El pinxo s'havia estirat sense avisar, de cop, i aviat passaria en alçada a l'erudit. Ja es veia que despuntava un jove interessant, de gest suau i ben plantat. El noi va llegir per a tothom, només amb una lleu tremolor de veu:

*Escolteu, ara que sóc mort, us ho dic ben clar i m'heu d'escoltar tots. A la vida hi ha dues coses, que són el meu món i la meva sang. El mural que podeu veure, i que jo no he pogut acabar, és això: el meu món i la meva sang. He volgut fer aquesta pintura perquè ho sabéssiu tots, i ara us ho repeteixo amb paraules. Potser us pensàveu que jo era etern? Doncs no, no ho era, i per això us faig escoltar això, dropos, perquè no us oblideu del marquès d'Escudellers i entengueu que res no s'acaba. No he pogut acabar el meu mural, igual que vosaltres no podreu acabar amb mi.*

Les filipines es van senyar, i van emetre un respectuós *descansi en pau*. La Fermina les va fulminar amb la mirada i les va renyar. Potser la molestava aquell excés de devoció, que trencava la solemnitat del moment. Però sobretot, aprofitava l'ocasió per deixar clar que l'amiga del difunt era ella, i que encara no havia paït l'apropiació indeguda de santa Rita, escopida per un vulgar volcà dels tròpics. L'Arnau va continuar.

*M'heu d'escoltar, els que heu arribat fa poc i els de sempre, sobretot els de sempre. Mireu, el meu món és el meu món, i no m'agrada que se me'l rifin. O sigui que aneu alerta. No m'espatlleu el meu món, els meus carrers, la meva gent i la meva ciutat. És un món que no morirà amb una bomba atòmica, ni amb una guerra. Però es pot acabar per la ximpleria dels que l'haurien de vetllar. A força de discursos i de bones paraules que amaguen renúncies, per por a dir les coses clares. I no us el prendran els que han vingut de fora, els que saben que han vingut convidats. Mireu, cap dels que m'han ajudat a pintar aquesta paret ha volgut acabar amb mi. No, els pitjors som nosaltres, som nosaltres els que podem engegar a pastar casa nostra.*

*Avui que ja no hi sóc, jo us ho dic ben alt i fort: les coses clares, i Barcelona espessa. Què hi guanyem, amb paraules guarnides? Mireu, la Fermina és coixa, el Salomó és un inepte, l'Ahmed és un bandit i les putetes negres fan pudor de cony. I què? Us ho dic així de clar, i me'n vaig ben descansat a l'altre món. Diuen que estic en contra de la barreja. No ho sé, jo el que us dic és que no suporto que me la faci un altre, la barreja. Que em prenguin per burro, que no em respectin i que em prenguin el pèl. Això és el que em rebenta de veritat.*

*I a veure, on està escrit que ens haguem de ficar tots al mateix llit? Redéu, el que no tolero és que ningú em digui amb qui m'haig d'ajuntar! Cadascú és el que és. No cal que siguem simpàtics, que al final ens enterraran de tan simpàtics. Podem ser antipàtics, rabiosos o histèrics, si ens peta, que ens admiraran més i ens entendran millor. Alguns pretenen amagar i disfressar les grans veritats. Què volen, que el sol no surti per llevant? Que no es pongui per ponent? Que la terra no giri al voltant del sol?*

Les al·lusions a la terra i a l'astre solar es van guanyar l'admiració plena dels amerindis, que van fer un gest d'aprovació. El Nelson, la Felicity i el Prudencio van dedicar-se murmuris de complicitat. Quin sant homenet, van xiuxiuejar, quina animeta més bona, que des de l'altra vida els enviava un homenatge a la mareta Patxamama i al gran Inti. I com n'estava, de carregat de raons. Perquè no es podia mentir, no, pel nen Jesuset que estaven prohibides les mentides. La Coixa també els va renyar, i l'orador va poder reprendre la lectura.

*Ara que sóc mort, jo ja no sentiré els crits dels veïns, ni les rialles dels nens, ni les queixes dels pobres; no veuré carícies ni cops de puny, ni res. Però el meu cos serà pols, i omplirà els carrers, i seré vent, i el meu vent passarà per sobre de les pintures que us he deixat com a record.*

*I escolta'm Arnau, tu ets un bon pinxo, tu sí que m'en-*

*tendràs. Escolta'm ara que ja no em tens aquí. El teu pare és un bon pare, i és un gran exemple. Tingues sempre present el seu exemple, doncs... i no siguis mai com ell. No siguis mai com ningú altre, no deixis que el teu món sigui com cap altre. També et podria parlar de la teva mare, o de l'àvia Mercè, que no vas conèixer, i que era una excel·lent persona. Que siguin tots exemples a no seguir. No siguis com ells, sigues tu, sigues el qui ets, digues el que penses, defensa el que és teu. No siguis com jo, o només en una cosa, una sola cosa que has d'imitar de mi. Sigues qui ets, si convé amb crits i amb cops i amb mal gust.*

*Arnau, escolta, tu ets sang de la meva sang, i el mural és per a tu. Ja no ets cap criatura. Avui que ja no hi sóc, avui que ja ets gran, t'he de dir el que crec sense amagar-te res, a tu menys que a ningú. Mira, jo no hi sóc, però sé que hi ha un nano, amb uns ulls com jo, unes orelles com jo i un nas com jo. La meva vida deixa pas a la teva, a una vida que s'equivocarà i que s'encendrà i que patirà. Jo he tingut la sort, a diferència d'altres, de conèixer i gaudir deu anys d'aquesta nova vida teva i meva. Tu m'has fet feliç, pinxo. I et juro que no hi ha manera més gloriosa de morir.*

El savi Salomó, que estava al costat del noi, a la vista de tothom, es va haver de girar. L'emoció li demanava un recolliment breu. Va treure's les ulleres, va mocar-se un parell de cops i tot seguit es va eixugar les vores dels ulls. Després va tombar-se altra vegada, de cara a la concurrència, i va fregar-se les ulleres amb el mateix mocador. La Fermina es va avançar i li va allargar un *kleenex*, però ell va fer una pilota compacta, de roba i cel·lulosa i mucositats, i s'ho va embotir tot a la butxaca. L'Arnau va aprofitar per fer una pausa, omplir els pulmons i prosseguir.

*Escolta, mai no t'he dit que t'estimava. Doncs mira, ara t'ho dic. T'estimo, nen. I dic ben fort i alt que quan tu somrius, tot el món somriu. Quan tu rius, tot el món esclata en una rialla oberta, franca, descarada. Tu ets la millor notícia d'aquesta hora, Arnau. L'altra bona notícia és que jo m'he mort abans que tu. Alguns deuen estar contents... que els bombin. Però jo també, mort i tot, estic content. L'únic que em feia por de veritat era no complir la llei natural, i veure't passar abans que em toqués a mi. Ja ho veus, jo també he tingut les meves pors.*

*T'ho diré sense embuts, noi. No vulguis ser el nou marquès d'Escudellers. Tu seràs un home nou, tu seràs el rei del teu món i tu decidiràs. Tu sabràs què vols recordar de mi i què vols oblidar, quina ciutat vols i com la vols. Tu seràs el rei del dia de demà, i l'entendràs molt millor que jo. Pots pensar que exagero, que t'estic inflant el cap amb grans responsabilitats. Bé, grans o petites, seran les teves. I de veritat, fillet, jo crec que ho faràs de nassos.*

—Sí, sí senyor, visca el pinxo! Quina gràcia, el tio aquest!

Tots van reprovar amb els ulls el Sonny Colgate. Però el negre no es va encongir, va fer un xiulet i va cridar visques al marquès, a la mare que el va parir i als pebrots del marquès. Els altres el van fer callar i el van convèncer que esperés al final per esbravar-se. L'Arnau li ho va agrair amb un somriure i va enllestir el parlament.

*Tu pots, caram, tu ets l'Arnau, tu ets el pinxo. Sé que encara viuràs molts anys allà dalt, amb els teus pares, on Cristo va perdre les espardenyes. No oblidis la Barcelona de veritat, la de tota la vida. I sempre que puguis, baixa a saludar-la. Fes-ho a peu, si pots, i planta't a Canaletes. Omple d'aire els pulmons, mira la gentada que belluga, i comença a baixar com un rei. Perquè el tresor que tindràs al davant és per a tu. Ho deixo en les teves mans, au, et deixo el millor de mi, que el pitjor ja s'ho han quedat uns altres. Treu pit, vinga, parla clar, passeja amb el cap ben alt, fes el que et doni la gana i conquista allò que és teu. Et dono el meu món i la meva sang. Perquè ets tu, coi, ets tu el qui heretarà aquest món. La Rambla ha de ser teva, pinxo, no te la deixis prendre.*

*I ara, ja podeu anar tots a prendre pel sac.*

Les donzelles nigerianes es van desfer dels tentacles filipins, que les havien atrapat al llarg de l'al·locució, i van encetar un aplaudiment cortès. A poc a poc, s'hi van anar afegint els altres, fins que una aclamació general es va alçar de la penya. El xivarri va progressar amb xiulets, clams i una ovació rabiosa. Aviat van volar bosses de plàstic, mocadors i llaunes de cervesa, factures impagades i algun bastó de coix. I una boina tinyosa, que en el seu vol majestàtic va escampar damunt dels presents, a títol festiu, una gloriosa farineta de caspa.

El clamor va reverberar a la paret mitgera del mural, amb el permís de les personalitats i els ídols que des d'allà s'ho miraven, impedits del do d'aplaudir. Llavors va penetrar pels carrerons estrets del barri, va ficar-se als culs de sac, va fer vibrar els excrements de gos i va commoure també un sofà abandonat. Després es va enfilar per les canonades humides, es va escampar pels terrats, va fer una escombrada per la Rambla i es va perdre en els aires viciats de la ciutat eterna.